Humberto 1

Baila campeón

Humberto Echechurre

Humberto Echechurre *Baila campeón*

© Los derechos de este libro pertenecen al autor. La producción total o parcial de esta obra requiere la autorización exclusiva del autor.

Edición realizada al cuidado de Ángel M. Agosto.

Baila campeón

Fotos de Wilfredo Benítez cortesía del diario *El Tribuno*.

ISBN: 9798338588093

LA CASA EDITORA
de Puerto Rico

Colección Creación Testimonio
Apartado Postal 1393
Río Grande, Puerto Rico 00745
lustrodegloria@gmail.com
www.lacasaeditora.org
Primera edición octubre de 2024

Humberto Echechurre *Baila campeón*

Tabla de contenido

Prólogo *5*
ESE BENDITO DON DE CONTAR UNA HISTORIA *5*
LA REVELACIÓN *11*
    El reportaje 19
EL JOVEN PRODIGIO *25*
    Lo demostró esa noche del 6 de marzo de 1976 31
DOS BATALLAS HISTÓRICAS *39*
    Una pelea inolvidable 51
LA PATRIA DE MONZÓN *57*
EL OCASO DE UNA GLORIA *73*
    Un triste adiós 79
    El error de Miguel Herrera 83
ENTRE PEREGRINOS *91*
EL DOLOR DEL OLVIDO *107*
EL ÚLTIMO ROUND *121*
    Abandonado en el olvido 129
El autor *137*

Humberto Echechurre *Baila campeón*

Humberto Echechurre *Baila campeón*

Prólogo

ESE BENDITO DON DE CONTAR UNA HISTORIA

"Dios me ha dado un Don", escribió alguna vez Truman Capote. "Pero es también me ha dado un látigo para golpearme una y otra vez".

No es casual que elijamos una frase de quien, para muchos, es uno de los padres del llamado Nuevo Periodismo que a través de "A Sangre Fría", nos señó que con datos precisos, justos y elementales, también se puede diseñar un escrito como una novela, como un relato de ficción.

Cuando el periodismo y la literatura se dan la mano, se forma una alianza única, de un vigor extraordinario. Pero cuando a esa alianza se suma una pluma rica y una sobria capacidad para describir, sumada a un temple de relojero suizo para ajustar detalles y datos, la combinación es casi perfecta, ya que lo perfecto no existe.

Humberto Echechurre *Baila campeón*

Don Humberto Echechurre, hombre de largos cafés y profundos silencios, tiene un manejo de la escritura que asombra, porque construye como un hábil orfebre, joyas de extraña belleza.

Este hombre, se sabe, lleva una vida dedicada al periodismo y a la literatura, con viajes abundantes que van de La Habana a Nueva York y de Madrid hasta algún suburbio de Buenos Aires. Años trajinados con la infaltable Olivetti como acompañante e instrumento, como si fuera un bandoneón para Troilo: el secreto es saber cuándo colocar cada dedo en la tecla precisa.

De esa madera está hecho este hombre que, se lo puedo asegurar, estimado lector, lo atrapará a usted como lo hizo conmigo, para llevarlo de la mano por una historia única.

La casi misteriosa llegada y estadía en la hermosa Salta de un monstruo del boxeo internacional como Wilfred Benítez es el disparador, para meternos en un mundo donde no faltan intrigas, peleas épicas y detalles que parecían perdidos en el tiempo.

Seguramente el lector se va a sorprender en muchos momentos y en otros revivirá fantásticas noches de boxeo internacional: desde el color de los pantalones a las opiniones de grandes del boxeo, esta pintura de época, de tiempos y distancias está narrada a través de un Radar Humano como lo fue Wilfred Benítez. Va más allá del boxeo para convertirse en una historia llena de humanidad.

Humberto Echechurre *Baila campeón*

Así que nada mejor que dejarse llevar de la mano por don Humberto, abandonarse a la lectura y disfrutar, porque de eso se trata. Una historia que muchos aficionados, especialmente los puertorriqueños, han estado esperando a lo mejor sin saberlo y que ahora se convierte en una realidad.

Segundos afuera. Está por sonar la campana y usted estará allí, en un ring imaginario, pero no para dar o recibir golpes, sino mucho más que eso: para ver de cerca, en carne y hueso, a una leyenda del boxeo Latinoamericano y mundial.

Carlos Irusta

Humberto Echechurre *Baila campeón*

BAILA CAMPEÓN

Humberto Echechurre *Baila campeón*

Humberto Echechurre *Baila campeón*

LA REVELACIÓN

El viejo promotor, sentado en el bar de una esquina, en Salta, al norte de la Argentina, estaba listo para el reportaje, luego de esquivar una y otra vez la insistencia del periodista Ezequiel Peñaranda por lograr una nota, aunque -pensó- llegó el momento de sacar a luz su verdad. La prensa apuntó los cañones a esmerilar su figura, lo criticó sin piedad, profundizó sus rincones oscuros, pero estaba dispuesto a defender lo conseguido; hoy más que nunca porque el éxito de su profesión dependía de la credibilidad de su palabra.

Miguel Ángel Herrera, conocido como el *Gordo*, visionario para los negocios y hábil empresario, hoy extrañaba días más tranquilos, cuando en esa esquina observaba el humo de su cigarro perderse en la quietud de la tarde. Le costaba dejarlo, tanto como a esa pasión que tenía por el boxeo. Si se lo prometía era capaz de abandonar el cigarro, pero al final decía: "No; el cigarro, no". Hoy estaba dispuesto a revelar lo sucedido en los últimos tiempos y en esa confitería, epicentro de tantas confesiones, palabras y acusaciones encontrarían la verdad.

Salta, una provincia ubicada a casi 1700 kilómetros de la capital, Buenos Aires, tiene una historia poblada de protagonistas y héroes que jalonaron grandes batallas contra

Humberto Echechurre *Baila campeón*

el dominio español que, en esos años, avanzaba a grandes pasos en el continente americano. Tenía resabios de su cultura a la que agregaba un sentimiento nacionalista y federal a lo largo de su historia; además, con paisajes deslumbrantes, un pasado riquísimo, una bella arquitectura y vinos en la zona de los valles Calchaquíes que enamoraban los paladares más exigentes.

A pesar del empeño y entusiasmo del *Gordo* Herrera por traer campeones y preparar futuras promesas, la provincia nunca había tenido un campeón o una campeona mundial de boxeo, solo algún campeón sudamericano que -después- se diluyó en el tiempo.

La tierra en la que se libró una de las batallas más importantes en el período de la Independencia, nunca fue una meca del pugilismo nacional. Sin embargo, en 1986 tuvo cincuenta y dos días de leyenda con la visita de dos gigantes que años atrás habían alcanzado la cúspide del universo boxístico y que transitaban el sendero del ocaso, aun siendo jóvenes: Pipino Cuevas y Wilfredo Benítez.

Al igual que Cuevas, Benítez deslumbró desde la adolescencia. Obtuvo el título mundial superligero de la AMB (ante el colombiano Kid Pambelé) en marzo de 1976 con apenas 17 años y, cuando todavía estaba cursando el tercer año del colegio secundario. Ello lo había transformado en el campeón más joven de la historia, una marca jamás

Humberto Echechurre *Baila campeón*

superada, destacaba una extensa nota del periodista Luciano González, en el suplemento deportivo del diario Clarín.

Ambos boxeadores, cada uno con su estilo, habían protagonizado veladas de antología en los principales escenarios; ganaron millones de dólares, deslumbraron a la crítica y pusieron la vara de la calidad y el talento demasiado alta, tanto que acceder a la cumbre resultó cada vez más difícil.

El hombre que estuvo detrás de la arquitectura de esas veladas en Salta fue el *Gordo* Herrera, que trabajó desde principios de la década de 1960 organizando eventos artísticos y deportivos, aunque su pasión era el boxeo. No solo era promotor, sino que además representó a los principales púgiles salteños como Farid Salim, Víctor Cárdenas o Miguel Ángel *Puma* Arroyo, por quien profesaba un especial cariño y en quien creía que llegaría a ser campeón mundial.

Herrera logró que Carlos Monzón y Nicolino Locche pelearan en 1971 en la provincia, siendo ya campeones mundiales, pero todavía tenía pendiente una cuenta que logró saldar recién en 1986: que Salta fuera sede de una pelea en la que se pusiera en juego un campeonato ecuménico. Hasta entonces, la Capital Federal, había acaparado casi exclusivamente esas citas. Solo Córdoba, la ciudad mediterránea, había logrado organizar tres combates mundia-

Humberto Echechurre *Baila campeón*

listas: dos de Santos Benigno Laciar (ante el dominicano Ramón Nery y el colombiano Prudencio Cardona) y uno de Sergio Víctor Palma frente al panameño Jorge Luján.

Herrera conocía demasiado a Tito Lectoure, propietario del colosal Luna Park, y sabía que al promotor la idea no le gustaba mucho, se resistía a que un boxeador de categoría defendiera su título en el interior del país, sin pasar por Buenos Aires.

-Es una cuestión de negocios- contestaba con una risa pícara el popular *Gordo*.

En días en que Argentina no tenía monarcas, Miguel Herrera consiguió que uno de sus boxeadores, Rubén Condorí, disputara la corona supermosca del Consejo Mundial de Boxeo. Y consiguió también que el mexicano Gilberto Román expusiera por segunda vez esa corona en territorio salteño. Como un valor agregado, logró que, paralelamente, la Federación Sudamericana de Boxeo realizara en la provincia su convención anual y que José Sulaimán, presidente del CMB (Consejo Mundial de Boxeo) en esa época, asistiera al cónclave.

José Sulaimán siempre apoyó al boxeo del país y alguna vez había dicho: "Argentina tiene pasión boxística. Los últimos triunfos de los púgiles argentinos son la respuesta natural a un país ciento por ciento boxístico". Fue tanta su cercanía que cuando falleció el periodista argentino Julio

Humberto Echechurre *Baila campeón*

E. Vila, el 29 de abril de 2013, el Consejo Mundial de Boxeo decretó tres días de luto. Algo impensado pero que reflejaba el reconocimiento a Julio Vila, que además había sido periodista en diario El Tribuno y clasificador de la entidad, trabajando para el CMB durante 37 años en la época de oro de la disciplina.

Por esto último José Sulaimán, titular del CMB, escribió un comunicado en memoria de "un gran amigo".

-Fue siempre un hombre honesto -dijo de Vila- con principios definidos, sostuvo el comunicado que fue publicado en diario Clarín.

El 18 de julio de 1986 el mexicano Gilberto Román fue el único campeón del mundo que expuso su título en Salta y lo retuvo, derrotando ampliamente por puntos a Rubén Osvaldo Condorí (crédito salteño con más de 160 peleas en su carrera boxística). El combate se realizó en el Polideportivo Delmi, que había sido inaugurado el mes anterior, con capacidad para 15.000 espectadores. Esa noche no se llenaron ni las tribunas ni el "ringside" del estadio ubicado en el barrio 20 de Febrero de la capital provincial, en buena medida por el precio de las localidades que costaban entre 40 y 60 australes en tiempos en que el salario mínimo no llegaba a los 100. Argentina le quitó tantos ceros a su moneda que hoy no se podría medir su valor.

Humberto Echechurre *Baila campeón*

El promocionado evento generó pérdidas, pero no amedrentó a Herrera, sino que lo hizo redoblar la apuesta. Así, su objetivo siguiente fue traer a Salta a Pipino Isidro Cuevas González.

La idea inicial era que enfrentara en el polideportivo Delmi al zurdo Miguel Ángel Arroyo. El *Puma*, campeón argentino y sudamericano de la categoría welter tenía 21 años, 29 victorias en 32 salidas profesionales, una poderosa pegada y un estilo de ataque continuo. Algo de ello no convencía al visitante ilustre. Para el *Gordo* Herrera el joven boxeador salteño tenía la oportunidad de subir un peldaño en su carrera para mostrarse en las ligas mayores.

"No queremos a Arroyo como rival, al menos no en la presentación inicial. Sería bueno que *Pipino* se mostrara ante otro rival en Salta para generar expectativa en el público y, de esa manera, llenar el estadio contra Arroyo", explicó Rafael Mendoza, mánager del mexicano, dos semanas antes de la fecha pactada para el combate.

Eso llevó a modificar los planes y entonces apareció el nombre del excampeón argentino ligero, Lorenzo García, un boxeador prolijo y pensante, que a los 30 años también había visto pasar sus días más esplendorosos. En junio de 1983 y con una racha invicta de 50 peleas a cuestas, sorprendió a Uby Sacco en el Luna Park. Esa victoria le otorgó una chance mundialista, aunque después perdió por puntos ante Johnny Bumphus en Atlantic City, por la corona de los superligeros de la AMB, pese a haber derribado al estadounidense en el cuarto round. Desde entonces no había regresado a los primeros planos.

Finalmente se pactó que García fuera el rival de *Pipino* Cuevas el 3 de octubre, en un combate encuadrado en categoría superwelter y se realizó en el Salta Club (y no en el Delmi). Allí se planteó que, si el mexicano ganaba, luego se mediría con el santafesino Carlos Manuel del Valle Herrera y finalmente con Miguel Ángel Arroyo, también en Salta. El *Gordo* guardaba un as en la manga, siempre pensando en el *Puma*.

Cuevas llegó a la Argentina el 29 de septiembre de 1986: aterrizó en Ezeiza a las 6 de la mañana, junto a Rafael Mendoza y a su histórico entrenador Lupe Sánchez, y cinco horas después partió rumbo a Salta. "Mi objetivo es volver a ganar un título mundial. Para eso me estoy preparando como en mis mejores épocas", aseguró el excampeón, que por entonces ya padecía una importante miopía que lo obligaba a utilizar lentes. "Son para leer y descansar la vista", explicó. Y negó que su permanencia en los cuadriláteros estuviera asociada a una urgencia económica: "Tanto mi familia como yo tenemos el porvenir asegurado porque invertí bien el dinero que gané con el boxeo", aseguró.

Cuando el mexicano ya estaba instalado en el norte del país, surgió otro imprevisto: cuatro días antes de la pelea,

Humberto Echechurre *Baila campeón*

Miguel Herrera anunció que la velada se postergaría 96 horas debido a que ese viernes la atención deportiva estaba depositada en el desempate que disputarían Ríver y Argentinos Juniors, en el estadio José Amalfitani de Vélez Sarsfield, que definiría a uno de los finalistas de la Copa Libertadores de América y que sería televisado en directo para el interior del país (empataron 0 a 0 y clasificó Ríver).

No demasiado preocupado por ello, el visitante se ponía a punto para el duelo por el que había cobrado 15.000 dólares en el gimnasio del Salta Club y ante la mirada de decenas de curiosos que seguían de cerca sus movimientos, ya que *Pipino* había pedido que el público pudiera acceder libremente a sus sesiones de trabajo.

La expectativa se multiplicó con el correr de las jornadas, al punto que el martes 7 de octubre la capacidad del estadio se vio superada. Sin embargo, el público se encontró esa noche con una versión de Cuevas muy lejana a sus años de esplendor. *Pipino* nunca renunció a atacar ni a ofrecer un buen espectáculo para el público, pero con ello no le alcanzó para doblegar al inteligente García que se quedó con la victoria por puntos tras 10 rounds.

El resultado dejó sumamente disconforme a Miguel Herrera: "Es la primera vez en 26 años que me pronuncio públicamente en contra de la decisión de los jueces, pero el fallo fue absurdo", disparó el promotor, quien aseguró que la decisión había premiado a quien definió como "un ladrón del boxeo". Ajeno a ello, Lorenzo García vivía otra jornada inolvidable. "Fue una aventura haberle ganado a mi ídolo", aseguró. Treinta y nueve días después vencería en el Luna Park al *Puma* Arroyo, el hombre al que Cuevas había eludido.

La derrota y la pobre imagen que exhibió Cuevas frustraron la posibilidad de otra presentación en el país. Pero Herrera dejó rápidamente atrás su desacuerdo por el fallo y se enfocó en el desafío de traer a Salta a otro gigante venido a menos: el puertorriqueño Wilfredo Benítez. Allí empieza la historia.

El reportaje

El *Gordo* Manuel Herrera, hábil dirigente y principal impulsor de la actividad en esos años en la provincia, aunque el balance sobre su vida siempre lo trató mal. Era un personaje lleno de anécdotas y difícil de entrevistar. Enseguida levantaba presión cuando no le gustaba la pregunta.

Por su parte, Ezequiel Peñaranda era una especie de investigador formado en la vieja escuela de periodismo y, por lo tanto, le gustaba la entrevista, convertida en un género que empezaba a ganar terreno. No dejaba nada por preguntar y a veces inquietaba al entrevistado.

Humberto Echechurre *Baila campeón*

-¿Por qué trajiste a Wilfredo Benítez a pelear a Salta? -fue la primera pregunta efectuada por el periodista en una charla realizada en julio de 2009, en la casa del promotor ubicada en la calle Alberdi, en el centro salteño. El popular *Gordo*, con un mate en la mano, no tuvo mucho tiempo para acomodarse.

En esos tiempos, el crédito local era el *Puma* Arroyo, un boxeador salteño explosivo, como su nombre, con una contundencia en sus puños, al igual que su indiferencia hacia la vida. Por sus antecedentes, Wilfredo Benítez era el rival, pero precisamente por los antecedentes del *Puma,* no se cruzaron.

Herrera recordaba: "Yo lo traje a Benítez para que fuera un peldaño más en la carrera del *"Puma"* Arroyo. Quería hacerlo campeón del mundo porque tenía condiciones ese hijo de mil perras; inclusive quise que peleara con *Pipino* Cuevas, pero el manager lo esquivó; además, a pocos días del combate con Wilfredo, el *"Puma"* estuvo preso por una pelea callejera. El pelotudo les había pegado a dos policías y, por más que hablé con todo el mundo, nadie quiso ceder: concretamente querían verlo al *"Puma"* preso. Era prepotente, guapo y además tenía un mérito: se la bancaba. Jamás lo vi arrugar. Yo había tentado suerte para presentarlo afuera, porque tenía todas las condiciones, pero el destino no quiso. Creo que estuvo tres días preso y cuando lo soltaron ya era tarde".

Humberto Echechurre *Baila campeón*

Felipe Niño Molinar es un boxeador panameño que llegó a la Argentina en los últimos meses de 1987 para combatir con el *Puma* Arroyo y se quedó a vivir en Salta. "En definitiva peleé con Arroyo seis veces. Dos en el ring, una aquí en Salta, otra en Pichanal, donde me robaron, y cuatro veces en la calle. Nos quedó una rivalidad y, por distintas razones, cuando nos encontrábamos terminábamos mal: la gente nos tenía que separar", confesó el exboxeador.

-La designación del reemplazante ¿te trajo problemas? -consultó el periodista Ezequiel Peñaranda.

-Es así, especialmente con Tito Lectoure, porque estaba trayendo a Salta a un triple campeón mundial inclusive sin pasar por Buenos Aires. Creo que no le gustó mucho la idea, por el protagonismo que estaba teniendo, pero el negocio era interesante- aseguró.

"La pelea quedó con Carlos Manuel del Valle Herrera y se armó un gran quilombo por parte de la prensa. Vinieron de todos lados, pero jamás esquivé el tema. Por el contrario, por la repercusión alcanzada imaginé que me abriría las puertas a otros combates internacionales y así fue", afirmó.

-¿Y qué pasó después de esa pelea con del Valle Herrera? -fue la siguiente pregunta.

Humberto Echechurre *Baila campeón*

-Luego de esa pelea nunca más boxeó. Wilfred no hizo nada más. Lo llevaban para que realizara exhibición en el interior, para que hiciera acto de presencia, pero nada más. Todos los sinvergüenzas que lucraron con él, cuando yo le cerré la puerta, aprovecharon y se puso mal. En el hotel Premier dije: -No va más por mi cuenta- Le cerré las puertas por todos lados. Empezó a recurrir a sus amigotes. Antes de que se hiciera la famosa confitería "El Colonial", había un café al lado del Cabildo. Después era en la "City", al lado de todos los "arbolitos" que venden dólares. No me acuerdo si era "El Paraíso". Luego apareció un carnicero que le empezó a dar carne y recuerdo que comía en la calle Córdoba casi esquina San Luis. Era una casa de familia. Él era feliz porque la gente lo reconocía y le brindaba todo.

Benítez disfrutaba de la tranquilidad y su figura empezó a formar parte del escenario salteño, aunque Herrera no pensaba lo mismo. "Yo estaba pelotudiando con ese Wilfred. "¡Qué pobrecito y la mar en coche!", pero me venían a cobrar de todos lados, hasta de la perfumería. Yo le decía:

-Pero de qué te debo, hijo, si yo no te compro nada.

-No... pero acá vino Wilfredo Benítez y se llevó cosas en su nombre: crema de afeitar, brochas y un montón de cosas, me contestaban.

Humberto Echechurre *Baila campeón*

-¿Pero por qué le das?- le decía.

-Cómo no, si lo invoca a usted don Miguel- respondían.

-Se habló de una deuda que quedó pendiente y que Wilfredo Benítez esperaba cobrar -apuró el periodista.

-Yo le pagué todo a Benítez, a la gente que estuvo con él en todo momento, no le quedé debiendo nada. Tengo todos los comprobantes, a pesar de que hablaron un montón de boludeces. Recuerdo que le gané un juicio a la revista El Gráfico, porque hizo una nota dónde lo vistieron a Benítez con ropa deportiva muy rota y lo llevaron a caminar por la estación. Esa entrevista la titularon "Wilfredo Benítez en Salta 'En la vía' y con muchos datos incorrectos. Escondía una picardía periodística de muy baja calaña. Creo que ningún medio se hubiera prestado. Yo gané un juicio y el total, que determinó la justicia, lo doné al Hospital Garraham de Buenos Aires. No me arrepiento de nada. Al principio estaba todo bien hasta que se emputeció- respondió.

-En su momento hubo opiniones que hablaron lo contrario -insistió el periodista.

-¿Tenés algo firmado?

-Tengo todo documentado. Había una mujer, Elizabeth, de la Embajada de Estados Unidos, que me hizo un gran

Humberto Echechurre *Baila campeón*

favor para que Wilfredo Benítez regresara a Puerto Rico. Un día me avisan, desde el Hotel Salta, que me andaba buscando un señor de otro país, pero que hablaba castellano. Lo ubico y charlamos. Me dice véngase, yo lo espero. Voy y lo primero que me dice:

-¿Que le debemos, señor Herrera, por su atención con Wilfredo Benítez?

Le digo no me deben nada y me contesta:

-¿Le parece bien esta cifra?, hasta allí estoy autorizado a pagarle.

-Mire, lléveselo en este instante. Yo ya me divorcié, me peleé con tanta gente, no quiero saber más nada.

Y el tipo dice: -No tiene que regalar nada a nadie. Recíbalo. Esto se lo da la comunidad -no me olvido nunca- de San Juan de Puerto Rico. Yo he sido comisionado para llevarnos a Wilfredo Benítez, que es un prócer deportivo y sabemos los problemas que le está causando.

"Aclaro que mucho tuvo que ver lo que había dicho la mujer de Wilfredo, que vino a Salta y luego regresó a su país. Ella supo lo que era la verdad, porque nunca se le debió un peso y hoy, por allí, tengo una boleta de depósito por 140 mil dólares", sostuvo Miguel Herrera.

Humberto Echechurre *Baila campeón*

EL JOVEN PRODIGIO

"Eso no es boxeo", dicen que dijo furioso Antonio Cervantes, más conocido como *Kid Pambelé*, la noche del 11 de diciembre de 1971 cuando en el místico Luna Park, de Buenos Aires, el argentino Nicolino Locche lo venció por puntos en decisión unánime, para retener su corona mundial de welter junior de la AMB (Asociación Mundial de Boxeo).

"El intocable", como se lo conocía a Locche, fue el principal alumno egresado de la escuela de Paco Bermúdez; en realidad, el transgresor, el que rompía los moldes era Nicolino que derrotaba sin violencia, era un bailarín en el ring que enloquecía con sus pasos a los seguidores y enfurecía a sus rivales.

Paco Bermúdez fue un maestro y desde un comienzo llegó desde una provincia argentina: Mendoza, con la intención de humanizar el boxeo. Autor de la frase "pegue y salga", aunque la prensa le adjudicó el mote del "tira toallas". Don Paco, el constructor de grandes campeones argentinos, debió librar duras batallas para derribar los prejuicios sobre su boxeo clásico; un estilo depurado de movimientos, sin KO y también sin caídas. Pero se destacaba su repetida decisión desde el rincón de preservar la integridad del hombre.

Humberto Echechurre *Baila campeón*

Kid Pambelé parecía detestar ese estilo, todo lo contrario a su manera de entender el boxeo: a puro golpe y se desquitó de Nicolino Locche el 17 de marzo de 1973 en la Plaza de Toros Maestranza César Girón de Venezuela. Allí se vio a un Cervantes contundente, noqueador, ídolo nacional en su Colombia natal y esta vez, "el torero" Nicolino era embestido por un toro bravío: *Kid Pambelé*.

Aquella noche, Nicolino fue desbordado a puro golpe desde el comienzo por un *Kid Pambelé* avasallante. Ese día Locche perdió su única pelea por nocaut, de sus cuatro reveses a lo largo de 18 años sobre el ring, que lo vio triunfador en 117 de sus 135 combates, con 14 empates. Se imponía la potencia sobre la habilidad de esquivar golpes.

Norman Mailer, el escritor y periodista, escribió el libro "El combate" que refleja lo que ocurrió, una noche de octubre de 1974, en Zaire cuando se enfrentaron el campeón de los pesos pesados, Gorge Foreman, un púgil de una agresividad e instinto asesino sin parangón y el que, probablemente, fue el más grande boxeador de todos los tiempos y un ícono del siglo XX, Cassius Clay, rebautizado como Muhammad Alí.

Otra vez se enfrentaban dos estilos: potencia vs. habilidad, que se repetiría a lo largo de la historia del boxeo.

Norman Mailer contó la anécdota de que una noche dos peleadores de los "de antes" -todos dicen que Rocky

Humberto Echechurre *Baila campeón*

Graziano, era uno de ellos- estaban en un cabaret con el gángster Frankie Carbo. De pronto comenzó la música y ambos boxeadores salieron con sus chicas.

-¿Usted no baila? -le preguntó una bailarina al gángster.

-Los hombres duros no bailan- fue la respuesta.

Siempre habrá tela para cortar. Por un lado, los peleadores recios y fuertes que están pegados al piso, como los Rocky Graziano, Jack La Motta, Roberto *Mano de Piedra* Durán, Joe Frazier y Carlos Monzón. Y, los bailarines, aquellos que solamente exhiben elegancia, rapidez y baileos en puntas de pie. Muhammad Ali, Sugar Ray Robinson, Sugar Leonard, Nicolino Locche y, también, Wilfredo Benítez, bailaban, pero peleaban a la hora de hacerlo. Y también definían, aunque la revista especializada "Ringside" siempre criticó ese estilo elusivo y rápido, pero carente de rigor; aunque a veces también sabían golpear.

Wilfredo Benítez nació el 12 de setiembre de 1958 en un barrio del Bronx neoyorquino, destacando que a la edad de 8 años se calzó los primeros guantes de boxeo. Wilfredo creció yendo a un gimnasio de boxeo de su vecindario en Nueva York, donde aprendió, viendo a sus hermanos y otros peleadores locales de renombre, practicar sus habilidades. En definitiva, parafraseando a Muhammad

Humberto Echechurre *Baila campeón*

Ali, "volando como una mariposa, aunque a veces picando como una abeja".

Su padre Gregorio Goyo Benítez, junto a su madre Clara Rosa, que crió durante su primera infancia a Wilfred y a sus 7 hermanos (cuatro varones y cuatro mujeres) en el Bronk de Nueva York. Su cuna fue un barrio donde la violencia era el común denominador de mucha gente que corría detrás de un sueño. Allí, en un patio de una escuela, su padre comenzó a entrenar con sumo rigor a sus cuatros hijos varones. Sin embargo, a pesar de haber nacido en Nueva York, jamás negó sus raíces y siempre se distinguió por identificarse con la cultura de la isla caribeña.

El Bronk es un condado del estado de Nueva York y uno de los cinco distritos metropolitanos de la ciudad. Está separado de la isla de Manhattan por el río Harlem, destacando que representa el distrito situado más al norte de la Gran Manzana.

Benítez provenía de una de las familias del boxeo de Puerto Rico y, en ese ámbito, su madre, Clara Benítez, siempre dirigió la "tropa", aunque su padre se dedicó a forjar el espíritu boxeador de sus hijos.

Durante la primera etapa de su carrera profesional, Benítez viajaba con frecuencia a las Antillas Holandesas y a la ciudad de Nueva York para combatir. Dividió sus peleas entre esos lugares y Puerto Rico. La proximidad a la isla

Humberto Echechurre *Baila campeón*

lo ayudó a comenzar a convertirse en un nombre familiar mientras sumaba seguidores internacionales al mismo tiempo. Su velocidad, combinada con poder de pegada y sorprendente madurez en el ring para un joven de 15 años, que se había hecho profesional gracias a un permiso irregular que luego le causó graves problemas federativos. Sin embargo, no le impidió convertirse en un boxeador clasificado mundialmente tanto por la AMB como por el CMB, las únicas organizaciones que reconocían títulos mundiales del boxeo en ese entonces. Meses después la familia Benítez, luego de los primeros años en Estados Unidos, regresó a Puerto Rico y se afincó en Saint Just, un barrio ubicado en el municipio de Trujillo Alto, en las afueras de San Juan.

Allí empezó a escribir su historia, especialmente luego de lograr, el 22 de noviembre de 1973, en su debut como profesional, un fulminante nocaut en el primer round frente a Hiram Santiago. A pesar de su juventud el nombre de Wilfredo empezó a destacarse con mayor frecuencia y boxeadores boricuas e hispanos de Nueva York hablaban de él con gran orgullo y entusiasmo.

Como aficionado, participó en alrededor de 129 combates y representó a Puerto Rico en los Juegos Centroamericanos y del Caribe en 1972. En 1973 firmó como boxeador profesional y, a los 17 años, obtuvo su primer título mundial al derrotar a Antonio Cervantes, *Kid Pambelé*. A los

Humberto Echechurre *Baila campeón*

19 años, obtuvo su segundo título mundial en las 147 libras, y a los 23, conquistó el título Junior Mediano de las 154 libras; es decir, fue Triple Campeón mundial de la Asociación Mundial de Boxeo y del Consejo Mundial de Boxeo, méritos que lo llevaron a convertirse en 1996 en el boxeador más joven ingresante al Salón de la Fama del Boxeo.

Para la mayoría de los conocedores de Boxeo, Wilfredo Benítez está al lado de Félix Trinidad, en un segundo peldaño, entre los grandes campeones puertorriqueños y solo lo supera, en cuanto a grandeza y dominio, el legendario Wilfredo Gómez. Benítez ocupa, según The Ring, el puesto número 68 entre *"Los 80 más grandes boxeadores entre los años 1922-2002"* y, sin lugar dudas, no es segundo de nadie entre los mejores boxeadores latinos de todos los tiempos, en cuanto a calidad y talento, siempre que se destaque el Boxeo como el arte de golpear y evitar ser golpeado.

Antonio Cervantes, el colombiano de San Basilio de Palenque reinó, hasta que se topó con el muchachito de 17 años, llamado Wilfredo Benítez que, con su boxeo exquisito y elegante, sorprendió a *Kid Pambelé*, cautivó a los especialistas y maravilló al público que palpitó el nacimiento de un ídolo.

"Ese nene pega y no se deja pegar", decían y su fama crecía de manera impensada. El boxeo, después de todo, es una actividad deportiva donde la inteligencia y el instinto son usualmente los elementos más esenciales del triunfo.

Lo demostró esa noche del 6 de marzo de 1976

Momentos previos al combate, los comentarios de los medios eran preocupantes por la diferencia de edad y los palmares. Wilfredo, apenas era un niño. Parecía un crimen enfrentarlo a un hombre maduro, poseedor de una musculatura impresionante y una pegada asesina. El escenario, el célebre e histórico estadio "Hiram Bithorn" de San Juan, Puerto Rico, era el epicentro del combate.

Era la defensa número 11 del sólido monarca de la costa colombiana, concretamente de San Basilio de Palenque, que consiguió ese título con un espectacular nocaut en el décimo asalto del entonces campeón Alfonso *Peppermint* Frazer, el 28 de octubre de 1972, en Panamá. Desde entonces, Cervantes liquidó a cuanto retador de su título AMB, le salió al paso, incluido inmortales como el argentino Nicolino Locche y el fenomenal boricua Esteban De Jesús, asimismo superó fuertes retadores como el australiano Héctor Thompson que hizo sudar a *Mano de piedra* Durán, y a todos les mostró la fuerza de su pegada.

Humberto Echechurre *Baila campeón*

Por el otro lado, Wilfredo Benítez venía invicto en 25 peleas desde que comenzó en el boxeo profesional el 22 de noviembre de 1973 en San Juan de Puerto Rico. Desde sus comienzos prometía, por su precocidad, técnica y gracia al boxear; pero no era poca cosa enfrentar a un descomunal campeón como *Pambelé*.

El clima previo no desentonó y tres días antes de la pelea *Goyo* Benítez -el padre de Wilfredo- le dijo a *Kid Pambelé* que perdería por viejo y éste, ofuscado, intentó pegarle. La escena terminó con Benítez padre apuntando con su pistola al boxeador colombiano para detener su embestida.

Según recuerdan crónicas de entonces, Wilfredo subió al tinglado vestido con pantaloneta de colores blanco y celeste alrededor de la cintura. Sus botines, negros con vivos blancos, mostraron el andar firme y acompasado del púgil boricua.

Kid Pambelé se presentó de pantaloneta negra con rayas blancas en la cintura y los bordes, y lució botines blancos con rayas rojas en la parte superior. Su cuerpo de 163 libras de peso se veía sin un solo gramo de grasa, dispuesto a un nuevo triunfo para completar 11 defensas en esta categoría.

Desde la campanada de inicio, el combate fue toda una sorpresa porque Benítez se mostró atrevido, exhibió constantes movimientos de cintura y de manos que confundieron al campeón y, además, pegó los mejores golpes, lo que hizo estallar en gritos a la concurrencia que colmó el estadio.

Fue el encuentro de dos verdaderos gladiadores: uno, un niño con toda su energía y fogosidad; el otro, un veterano lleno de paciencia y maña. Fue una batalla; el arte del boxeo mismo, puro y emotivo. El adolescente le faltó el respeto al monarca, 14 años mayor, que solamente en el noveno asalto del combate, pactado a 15 pudo comenzar a tirar sus mejores golpes y a buscar el de gracia, el que lo sacara del embrollo y enviara a Benítez a besar la lona. Pero no ocurrió así. Pese a que con su mano derecha inflamó notoriamente el ojo izquierdo del boricua, *Kid Pambelé* se vio incómodo, sin encontrar la distancia precisa y apenas por algunos asaltos, mandando en el cuadrilátero. El jovencito se estaba saliendo con la suya y el público deliró cada vez que conectó un golpe pleno en el rostro del colombiano.

Luego de esa pelea, como pugilista, el niño alcanzó la adolescencia prematura.

En las tarjetas, el árbitro Isaac Herrera dio una puntuación de 148-144 y el juez puertorriqueño Roberto Ramírez, una de 147-142, ambas a favor de Benítez. El juez venezolano Jesús Celis dio 147-145 para *Kid Pambelé*.

Humberto Echechurre *Baila campeón*

Al final hubo que elegir un ganador y fue Wilfredo Benítez. A los 17 años, 5 meses y 23 días, récord que conserva, el boricua se convirtió en el nuevo monarca welter junior de la AMB. Con esta marca superó al canadiense Johhny Coulon, quien había obtenido el título gallo con 18 años y 331 días, al derrotar a Kid Murphy el 8 de enero de 1908.

El historiador y periodista de boxeo Mario Rivera Martinó aseguró que el combate de Benítez-Cervantes fue uno "de los eventos más grandes" del deporte del cuadrilátero, señalando que Benítez, al convertirse en el campeón mundial más joven, se posicionó, después de Wilfredo Gómez, "entre los boxeadores más grandes de Puerto Rico".

"Estuve presente en la velada. *Kid Pambelé* era el gran favorito porque estaba peleando con un nene. Fue una gran exhibición de Benítez", afirmó el periodista. Recordó que el "estilo excelente de boxeo de Benítez" fue el factor de la victoria contra *Pambelé*, quien disfrutaba entonces del mejor momento de su carrera. "En la historia del boxeo nunca se dio algo similar. Seguro que fue el momento más grande en la carrera de Benítez y uno de los más importantes del deporte en Puerto Rico", indicó.

Benítez se convirtió en el séptimo púgil puertorriqueño en ganar un campeonato, después de Sixto Escobar, Carlos Ortiz, José 'Cheguí' Torres, Ángel 'Cholo' Espada, Alfredo 'El salsero' Escalera y Samuel Serrano.

Humberto Echechurre *Baila campeón*

A partir de entonces quedó inaugurada una escuela estilística jamás superada y marcó el nacimiento de "El Radar", o "La biblia del boxeo" como se lo apodó, en razón de su elegancia y habilidad para esquivar golpes. Luego, en su carrera alternó buenas y malas. Venció y perdió... es cierto, pero el podio era inmenso: Roberto *Mano de piedra* Durán, Sugar Ray Leonard, Tommy Hearns eran muestras insuperables. Los periodistas empezaron a preguntarse quién era ese niño con pasos de bailarín de tango que esquivaba golpes desplazándose rítmicamente, pero que, además, golpeaba con la precisión de un cirujano. Sin embargo, la historia se encargó de transformar un prometedor futuro, en ostracismo, derrotado por el enemigo más cruel: las drogas.

"El día que perdí con Benítez cometí el error de comer una pierna de jamón y lebranche, (una especie de pez marino) media hora antes de la pelea, por lo que me sentí pesado y sin buen ritmo", confesó *Pambelé* en una entrevista posterior, brindada al desaparecido diario 'La Prensa' de Bogotá.

"Fui atrevido y seguí la estrategia que me había indicado mi padre; creo que eso me ayudó a ganar", afirmó Benítez a los medios, ya con el fajín de campeón mundial.

La decisión de los jueces no dejó satisfecha a la gente del colombiano que, inmediatamente, pidió la revancha. Después de dos defensas, el campeón debía enfrentar a

Humberto Echechurre *Baila campeón*

Cervantes en una revancha obligatoria. La pelea estaba pactada para el 6 de diciembre de 1976, pero Benítez solicitó una postergación tras sufrir un accidente vial.

En un tiempo en el que todo transcurría a toda velocidad en la vida de Benítez, la primera corona duró en su poder solo ocho meses hasta fines de 1976. En ese lapso, la defendió dos veces: después de rechazar una oferta de 100.000 dólares de Juan Carlos Lectoure para viajar a Buenos Aires a enfrentar a Nicolino Locche, superó en su país al colombiano Emiliano Villa y al estadounidense Tony Petronelli. "Pienso subir a welter, luego a mediano junior y finalmente a mediano. Sería bueno seguir peleando hasta que tenga 30 años. Entonces estaré en mi mejor momento", pronosticó tras su triunfo ante Villa.

Y su deseo pudo concretarse. Se retiró a los 32 años con una derrota por decisión unánime contra un boxeador desconocido de 31 años: Scott Papasodoa el 18 de setiembre de 1990 en el Centro de Convenciones Winnipeg de Canadá.

Al momento de escudriñar nombres de boxeadores históricos que reunían condiciones excepcionales de técnica, velocidad, inteligencia, defensa y algunas marcas difíciles de romper, llegaría sin duda la imagen del gran boxeador puertorriqueño Wilfredo Benítez, quien fue el boxeador latinoamericano más talentoso y de mayor calidad.

Humberto Echechurre *Baila campeón*

Mientras hoy Wilfredo Benítez hace "sombra" y esquiva imaginarios ataques en los prolongados silencios de su vida en un hospital de Chicago, (Estados Unidos), en el otro extremo, en San Juan de Puerto Rico, en el patio trasero de su vivienda todavía existe parte del equipo que Wilfred utilizaba para sus entrenamientos. Un viejo saco y el hierro oxidado donde colgaba la pera para golpear una y otra vez, convertidas en valiosas pruebas de que atrás habían quedado los mejores días. Aquel gran gladiador, hoy vive atormentado por el fantasma de los golpes, que en su breve paso por el ring le trajeron de manera efímera la gloria y la fama.

Humberto Echechurre *Baila campeón*

Humberto Echechurre *Baila campeón*

DOS BATALLAS HISTÓRICAS

"La zurda salió como de la nada, veloz y picante, con apenas treinta segundos restantes en el reloj en el 15to y último round. Fue lanzada por el retador de 23 años de edad, Sugar Ray Leonard, y rozó la frente del monarca del CMB en el peso welter, Wilfredo Benítez. Durante la mayor parte del round, ambos pelearon cabeza a cabeza, lanzándose duros golpes al hígado y "uppercuts". El gancho sorprendió a Benítez. Su cuerpo se doblegó antes de caer de rodillas", recuerda el experimentado Don Stradley el último round de ese memorable combate.

Las apuestas en el clima previo favorecían a Sugar Ray Leonard, a pesar de sus escasos antecedentes en este tipo de instancias, pero además porque Wilfredo Benítez empezó a mostrar su poco apego al gimnasio después de la brillante perfomance ante *Kid Pambelé*.

Wilfredo defendió la corona Welter jr (o superligero) dos veces y luego la dejó vacante. En su rápido ascenso, tres años después, apostó a un nuevo desafío: subir de categoría. Lo consiguió y en 1979: retó al mexicano Carlos

Humberto Echechurre *Baila campeón*

Palomino, campeón mundial welter del Consejo Mundial de Boxeo (CMB), ganando otra vez el título mundial por decisión en quince asaltos. Luego de dos defensas exitosas, Benítez perdió el invicto al ser derrotado por Sugar Ray Leonard en un polémico nocaut en el asalto número quince, perdiendo en noviembre de ese mismo año la corona en categoría welter. Fue la pelea del año y memorable -según la recuerdan- por la cantidad de recursos ofensivos y defensivos, mostrados por ambos.

La fecha fue el 30 de noviembre de 1979; el escenario: el Caesars Palace de Las Vegas. Leonard venía invicto y emergía como la principal figura boxística ante el ocaso del legendario campeón mundial pesado Muhammad Alí.

Como en las noches estelares, epicentro de épicas batallas de boxeo, el escenario lucía todo su esplendor. Considerada como una de las mejores peleas de la historia del peso welter, Benítez y el retador Leonard ofrecieron un espectáculo sin igual: velocidad, técnica, calidad, defensa, elegancia de movimientos; un lujo para los privilegiados espectadores que desde temprano no se movieron de sus lugares.

A sus 21 años, Benítez era apenas dos años más joven que Leonard, pero ya era visto, entre los expertos, como una especie de leyenda viviente. Era conocido por no ir muy seguido al gimnasio, pero aun así era capaz de superar ampliamente a la mayoría de sus oponentes. Teddy Brenner,

Humberto Echechurre *Baila campeón*

armador de peleas del Madison Square Garden en las décadas de 1960 y '70, diría de Benítez que «en algún momento fue el mejor boxeador del mundo». Aun así, Leonard fue instalado como favorito 3 a 1, algo extraño considerando que nunca había combatido más de 10 asaltos.

En una de sus crónicas memorables, el periodista y escritor Don Stradley destacó en Ring Magazine: "Los 4.600 asistentes reunidos en Las Vegas para presenciar el evento más taquillero en la historia del boxeo, fuera del peso pesado (Leonard ganó un millón de dólares, el campeón Benítez un poquito más), fueron atraídos al Caesars Palace como moscas a la miel, todo gracias a la creciente presunción de que Leonard estaba a punto de transformarse en el nuevo rostro del boxeo".

«Una vez cada tanto, un boxeador aparece y cambia todos los números», sostuvo el promotor Bob Arum. Sin dudas, Leonard ya había ganado un par de millones de dólares sin siquiera pelear por un campeonato.

Las Vegas, esa noche fue testigo no solamente de un cambio de guardia, sino del comienzo de una nueva era muy significativa. La década de 1970 estaba terminando; la época de Alí, llegando a su fin y, con ella, las discusiones políticas, la rabia y el dolor de la guerra de Vietnam ya eran historia. La década de 1980 prometía diversión, luminarias centellantes, y estaba a punto de comenzar. A pesar de que Leonard había logrado una medalla de oro en

Humberto Echechurre *Baila campeón*

las Olimpíadas de 1976, era realmente un atleta de los '80, representando mucho de lo que esos años iban a simbolizar. Leonard era un nuevo tipo de boxeador que agregaba a su perfil mucha habilidad para los negocios y astucia entre las sogas del ring. Era común escuchar decir que Leonard sería algún día el CEO de alguna firma de Wall Street y en su retiro hoy lo demuestra, transitando una etapa económica muy distinta a muchos boxeadores de esa época.

Llegó a Las Vegas con un aura distinto, y circulaban sobre él todo tipo de especulaciones y halagos. Parecía un héroe moderno a punto de estallar la retina de los aficionados. Posó para fotos junto a la cantante Cher y habló cándidamente con la prensa sobre su deseo de ser especial. La impresión general era que representaba a un personaje refrescante, algo que el boxeo necesitaba desesperadamente. La carrera de Alí había sido un circo, según lo escribió Dave Kindred, del Washington Post, mientras que la de Leonard parecía un «picnic en el parque».

En algún momento, Red Smith (periodista del New York Times) le pidió a Angelo Dundee, viejo entrenador de Alí, que comparara a ambos. «No puedo compararlo con Alí a sus 23 años», dijo Dundee. «Alí era demasiado intrincado; tenía demasiados intereses. Este chico es un muchachito de barrio». Cus D'Amato, a quien todavía le faltaban un par de años para soltar a Mike Tyson en público, proclamó que Leonard era el «mejor terminador de peleas desde Joe Louis». Los elogios sonaban a coronación temprana, pero tenían algo de razón. Por el contrario, Wilfredo Benítez era malicioso, impulsivo e inmaduro. Quería ser independiente, pero no estaba equipado emocionalmente para manejar esa independencia. Había estado en una burbuja de boxeo desde sus 8 años de edad.

Gracias a su sonrisa siempre lista para las cámaras, Sugar Ray Leonard sabía cómo seducir, quizás por sus modos tan expresivos y el hecho de que a veces se presentaba en público vistiendo un sombrero de capitán de yate, muchos de sus contemporáneos despreciaban a Leonard comparándolo con un invento de los medios, pero no lo era. Simplemente era un boxeador. Pero sin importar si estaba siendo proclamado como el mejor o estudiado en profundidad, él seguía siendo un misterio. «Leonard es como una mujer hermosa", decía Jim Jacobs, manager de Benítez. «Nunca se sabe qué está ocultando. Recién después de esta pelea sabremos lo que Leonard verdaderamente esconde».

"No es tan bueno: Benítez lo va a noquear; ahora parece imposible pensarlo", decían los especuladores. Nadie le tenía fe a Sugar Ray Leonard que subió al ring esa noche para enfrentar al temible Wilfredo Benítez.

Aparentemente no había manera de que alguien como Sugar Ray Leonard venciera a Wilfredo Benítez, gran

Humberto Echechurre *Baila campeón*

campeón invicto. El público esperaba ver una paliza y creía que la pelea era hasta injusta. Pero se equivocó porque ese día nació una nueva leyenda. Parecía repetirse la historia de aquella noche de 1976, cuando Wilfredo Benítez destronó al colombiano Antonio *Kid Pambelé* Cervantes.

Esa noche, coincidieron en el cuadrilátero del pabellón deportivo del Caesars Palace de Las Vegas un artista de la defensa y gran contragolpeador con un boxeador técnico, rápido e inteligente. Fue un combate para los cultores que se aferraban a la ciencia pugilística y no para los amantes de la pólvora.

La expectativa era tal que ambos boxeadores no dejaron nada librado al azar.

Benítez contrató a Jim Jacobs para manejarlo justo antes del combate ante Leonard. Jacobs era hombre de boxeo, muy entusiasta pero que no podía arrastrar a Benítez al gimnasio. La leyenda cuenta que Benítez no entrenó más de nueve días para pelear con Leonard, el oponente más notable de su carrera.

Leonard, por su parte, estudió el estilo de Wilfredo y desarrolló una buena estrategia. «Yo lo atacaría desde todos los ángulos concebibles", diría más tarde, «cambiando la velocidad como si fuese un "pitcher" en el montículo».

Humberto Echechurre *Baila campeón*

Ambos llegaron invictos, pero Leonard no había enfrentado oponentes de la calidad de Benítez. El drama tuvo sus cimientos fuera del ring. Leonard no se presentó al pesaje oficial, según relató Howard Cosell durante la transmisión por la cadena ABC. Dejó a Benítez esperando y quiso proyectar su desagrado cuando, momentos antes de que sonara la campana del primer asalto, el boricua y Leonard se miraron fijamente.

Luego de un intenso duelo de miradas, Leonard tomó el control del primer asalto, sacudiendo a Benítez con un gancho de izquierda seguido por un derechazo. Imposibilitado de conectar un segundo golpe, Leonard se calmó y se puso a trabajar metódicamente -Alí le aconsejó antes del combate que se pusiera serio y que no se pavoneara- y en el tercero conectó un "jab" repentino que sentó a Benítez en las lonas.

La rápida caída motivó a Benítez. En el cuarto y quinto, mareó a Leonard con su propio "jab" de izquierda, un golpe demoníaco y feroz que explotaba con la velocidad de una navaja abriéndose, destacaba la crónica de Don Stradley. Leonard trató de devolver el fuego, pero Benítez era muy elusivo. Éste era el Benítez más feliz, el genio con alma de niño que había dejado a tantos oponentes tirando golpes al vacío, ganándose el apodo de «El Radar».

Pero para el séptimo asalto el impulso de la pelea cambió de manos. Un choque de cabezas le abrió un corte a

Humberto Echechurre *Baila campeón*

Benítez. Peor aún, su mano izquierda molestaba. Leonard lo sacudió en el noveno y le sacó el protector bucal en el undécimo, un "round" febril en el que Leonard mantuvo a Benítez contra las cuerdas y le dio una golpiza. El 12, 13 y 14 fueron "rounds" cerrados, que se desarrollaron como un choque de esgrima entre dos duelistas magistrales. Leonard estaba arriba en las tarjetas, pero, a medida que se acercó el fatídico 15to "round", Dundee le dijo lo contrario. Era, según Dundee, «una pelea muy, muy cerrada. Sal de ahí y pelea como un animal». Tal como lo haría muchas veces en los siguientes años, Leonard, hizo caso y produjo un final explosivo.

Benítez supo que el combate se le escapaba, por lo cual salió para el último round como un pistolero buscando liquidar a su presa -destacaba la crónica de aquellos años-. Esta no era su manera preferida de hacer las cosas, pero comenzó castigando, aguantando bien hasta que quedó a voluntad de esa zurda corta de Leonard. En el momento justo en que Benítez caía, miró hacia arriba observando a Leonard. Su rostro mostró pánico, confusión y decepción.

Cuando Benítez se puso de pie, el árbitro Carlos Padilla le preguntó si se sentía bien. Benítez asintió. Padilla indicó que siguiera la pelea. Leonard arremetió con todo, lanzó una dura derecha al rostro. Benítez sacudió su cabeza apenas lo suficiente como para hacer que Leonard errara, pero éste siguió con un "uppercut" de izquierda que estalló en el rostro de Benítez. El campeón se tambaleó. Por primera vez en la pelea, o quizás en toda su carrera, pareció carecer completamente de respuestas. El retador lanzó tres golpes más, todos fallidos. Si uno de ellos hubiese conectado, quizás Benítez hubiese terminado afuera del ring.

En ese round los dos púgiles se castigaron sin piedad dejando todo en el cuadrilátero. A Benítez no le aguantaron las piernas y besó la lona, aunque se levantó rápido, pero sin fuerzas; siguió el combate pero Leonard lo acorraló hasta que el árbitro detuvo la pelea.

Cuando faltaban seis segundos, Carlos Padilla dijo "¡no va más!".

Benítez recibió el conteo de protección de espaldas a Padilla. Hizo un gesto de negación hacia el "ringside", con su blanco protector bucal expuesto entre sus dientes. Leonard se recostó contra un rincón neutral. Sintiendo que la pelea estaba en sus manos, sonrió cansinamente. La foto que nadie quería ver se repetía al día siguiente en la portada de los principales diarios.

El combate había sido táctico, con ambos boxeadores luciendo en sus rostros las marcas de una lucha callejera. El rostro de Leonard aparecía lastimado, la frente de Benítez estaba cortada al medio, cómo si le hubiesen golpeado con un pequeño pico.

Humberto Echechurre *Baila campeón*

"Quizás ahora"; dijo Howard Cossell, de ABC, «ya no dirán que Sugar Ray Leonard es puro cuento» Mientras el nuevo campeón saltó en brazos de sus manejadores, Benítez miró a Padilla con lo que United Press llamó «un desencajado aspecto de incredulidad».

Hasta el instante de la detención de la pelea, Leonard aventajaba en las tarjetas de los jueces 137-130, 136-134. 137-133.

En esta titánica pelea Wilfredo Benítez perdió el invicto y Leonard lo mantuvo consiguiendo el cinturón de campeón del mundo del peso welter del Consejo Mundial de Boxeo.

Había sido un choque intenso, con cada round que vibraba con un peligro latente y visible. «Desde el punto de vista técnico" -dijo Ángelo Dundee, entrenador de Leonard, en la conferencia de prensa posterior- «se hicieron más cosas en esta pelea que las que hemos visto en mucho tiempo».

Lo que siguió fue un estruendoso festejo, ahogado en parte por una ominosa cascada de abucheos. Muchos pensaron que la detención del combate fue innecesaria y que le habían robado a Benítez la dignidad de poder escuchar el último campanazo. Benítez no lograba asimilar el golpe de haber experimentado su primera derrota como profesional. En medio del caos que estalló sobre el ring, los boxeadores se abrazaron. Dicen que el boxeo es el único deporte donde se comienza a los golpes y se termina a los abrazos.

Hubo rumores en Las Vegas de que Padilla decretó el final antes del límite porque un jugador apostó US$ 50.000 que el combate terminaba en nocaut. La historia no tenía asidero. Padilla hubiese podido detener el combate en el 3er "round", cuando Benítez estaba sobre las cuerdas y había perdido ya su protector bucal. Aun así, no sería la última vez en la que los críticos erraban el disparo tras una pelea de Leonard.

"No hay excusas. Él es el mejor del mundo ahora y ganará muchas peleas. Era un gran retador y demostrará ser un buen campeón", consideró el perdedor. "Es un gran campeón, peleó con mucho espíritu", lo elogió el vencedor. "Vieron a dos boxeadores inteligentes y científicos, dos campeones. Cada uno sacó lo mejor del otro", aseguró Angelo Dundee, entrenador de Leonard y palabra autorizada para opinar.

Esa noche, Leonard esquivó la celebración y regresó a su suite en el Caesars. Su cuerpo estaba golpeado, y se pasó una hora remojándose en la bañera. Su reflejo en el espejo del baño era inquietantemente desagradable. Sin duda, ya era un cliché decir que él era el nuevo Alí. Y, aun así, un boxeador con una pegada no tan devastadora como la de Benítez lo había dejado dolorido en su baño. Tal como lo hizo notar en su autobiografía «The Big Fight», Leonard pensó en retirarse. Se preguntó si algún día sufriría daños cerebrales.

El boxeador boricua se recuperó inmediatamente de esa derrota realizando varios combates, la mayoría de ellos frente a rivales de escasa jerarquía y, en 1981, noqueó al campeón mundial mediano jr. del Consejo Mundial, Maurice Hope en doce asaltos convirtiéndose en el quinto boxeador en lograr coronas mundiales en tres categorías diferentes, el primer latinoamericano en conseguirlo, el primero en hacerlo desde que Henry Armstrong lo lograra cuatro décadas antes. Su ascendente carrera no se detuvo y el catorce de noviembre de 1981 logró hacer su primera defensa y derrotó de manera unánime al invicto retador puertorriqueño, Carlos Santos, siendo esta pelea la primera por el título mundial que disputaban dos puertorriqueños. Después enfrentó a *Mano de piedra* Durán. Finalmente, Benítez perdería esta corona ante Thomas "Hitman" Hearns el 3 de diciembre de 1982. Otra derrota que marcó su destino.

Humberto Echechurre *Baila campeón*

Una pelea inolvidable

The New Beginning, es decir "El nuevo comienzo", así decían los carteles que anunciaban la pelea entre Wilfredo Benítez vs. Roberto *Mano de piedra* Durán para el 30 de enero de 1982. Otra vez en el majestuoso Hotel Caesars Palace de Las Vegas, Nevada, que llegaba al mundo a través de transmisiones televisivas marcando el rumbo de lo que vendría después en el campo de las telecomunicaciones. Si faltaba algo, estaba en juego el título superwelter del Consejo Mundial de Boxeo (CMB), en poder de Benítez. El boricua superó a Durán con una resonante victoria que le permitió conservar su título superwelter tras quince largos rounds de una dura pelea, matizada por el ocaso de dos excelentes boxeadores.

La pelea fue organizada por Don King y trasmitida por HBO con la narración de leyendas como: Larry Merchant, Larry Tompkins, y Sugar Ray Leonard que los venció a los dos aunque tenía una derrota con Durán.

La conferencia de prensa se celebró en el Hotel Waldorf Astoria de Nueva York y al encontrarse a la entrada del Gran Salón, Roberto Durán quiso intimidar a Benítez, con su vocabulario especial y el padre de éste le arengó: «Dale en la cara», y así lo hizo, Wilfredo Benítez, le estrelló la derecha al rostro a Durán, después hubo una seguidilla de golpes y forcejeo que separó el promotor Don King, pero quedó viva la rivalidad entre ambos.

En este pasaje se comprobó el respeto que cobró el puertorriqueño Wilfredo Benítez en la mente de Roberto Durán, porque después en la mesa que compartían conversaron amigablemente. Los ojos del panameño acusaban respeto por su contrario al despedirse de la prensa, ambos pugilistas.

El día del esperado combate, el retador Roberto *Mano de piedra* Durán, hizo su arribo al cuadrilátero ubicado en Hotel Caesar Palace, con 31 años de edad y un historial de 75 triunfos, 2 derrotas con 55 nocauts, subió al ring con pantaloncillo azul con ribetes y tiras blancas con botas color azul con blanco.

El campeón Wilfredo *El Radar* Benítez con 24 años de edad y registro de 43 victorias, 1 derrota, 1 empate con 29 nocauts, subió al ring con un pantalón amarillo con ribetes y franjas rojas con botas negras con blanco.

Durán desde que abandonó la corona de los pesos ligeros, su estado físico, lo perdió en peso, alternando por distintas divisiones sin poder establecerse. Esto contribuyó a que el éxito no lo acompañara en las cinco divisiones más en las que incursionó, después de renunciar el cetro de las 135 libras.

Humberto Echechurre *Baila campeón*

En la esquina de Durán lo asistían: el veterano entrenador Ray Arcel, Néstor «Plomo» Quiñónez y Carlos «Panamá» Lewis, todos uniformados con buzo azul con franjas blancas, cortesía de Piccolo de Panamá. En el rincón del boricua Benítez, su padre y preparador *Goyo* Benítez con otros ayudantes. El árbitro Richard Green fue designado para dirigir e implantar orden en el combate pactado a 15 asaltos.

La bolsa recibida por Wilfredo Benítez frente a Roberto *Mano de piedra* Durán, ascendía a casi un millón y medio de dólares, una cifra importante para asegurar el futuro de quien lo tuviera. Sin embargo, deudas con el fisco y otros desequilibrios financieros hicieron ingresar a Benítez en un terreno de sombras, que llegaron con inusitada rapidez.

Durán, que recibió medio millón de dólares, tampoco estaba en su mejor momento. Parecía que el final de boxeadores con riquezas técnicas y golpes demoledores estaba cada vez más cerca, a pesar de que ambos se empeñaban en mantener su status en lo más alto del pedestal.

Esa noche, como muchas otras, Durán paralizó a Panamá. Con un regreso al boxeo después de su derrota del famoso "No Mas" ante Leonard en noviembre de 1980, habiendo logrado realizar y ganar, en 1981, dos peleas ante Nino González (agosto) y Luigi Minchillo (septiembre), en superwelter, buscando regresar a los primeros planos.

Humberto Echechurre *Baila campeón*

Para el primer capítulo de la pelea, Roberto *Mano de piedra* Durán salió cómo un tigre, con la mirada fija y maliciosa, con la que acostumbraba a intimidar a sus adversarios. Benítez no se achicó y estaba dispuesto a cumplir el plan de pelea. Desde el comienzo, Benítez logró colocar las mejores combinaciones con mucha rapidez, junto a su excelente caminar del ring, aunque por momentos ambos intercambiaron golpes en la corta distancia. Benítez lograba entrar y salir con solidez, superando en la corta distancia a Durán. Con ráfagas, el panameño conectaba golpes con fuerza en la corta distancia, tratando de disminuir los reflejos y velocidad de Benítez. Hubo momentos en que Durán intentó acorralar a Benítez y, entre el sexto y el 10mo "round", se vieron sus mejores momentos. En el round 12 Durán golpeó fuertemente a Benítez, logrando ponerlo en malas condiciones, en el "round" más claro del panameño; a pesar de ello, Benítez logró sobrevivir. Al final, Benítez nuevamente apareció con su boxeo fino y elegante, logrando obtener una gran victoria. Los jueces votaron: Hal Miller: 143-142, Lou Tabat: 145-141 y Dave Moretti: 144-141 todos a favor del puertorriqueño. Benítez superó a Durán con una resonante victoria que le permitió conservar su título superwelter tras quince largos rounds de esta dura pelea.

En ese electrizante combate, *Goyo* Benítez recuperó su lugar de única voz de mando de su hijo, aunque el vínculo entre ambos seguía siendo tenso. "Nadie puede enseñarme a boxear excepto él. La forma en que me entrena es la mejor. Pero me exige mucho mental y físicamente. Eso me enoja y me hace sentir que quiero matar a alguien", admitió Wilfredo días antes de su segunda defensa.

Mano de piedra Durán, que cargaba con la cruz de su abandono ante Leonard, catorce meses antes en el segundo duelo entre ambos, manifestó que su objetivo era conseguir un tercer enfrentamiento con Sugar, pero sugirió que se retiraría si perdía con Benítez. El puertorriqueño seguía mirando hacia arriba: "Esta es mi última pelea como superwelter. Después quiero convertirme en un mediano y vencer a Marvin Hagler por mi cuarto título".

Después de 10 meses de inactividad y otra preparación no del todo convincente, Wilfredo enfrentó a Thomas Hearns, que había ascendido a las 154 libras luego de haber anotado su única derrota en 36 combates en su intento de unificación de los títulos welter, ante Leonard en septiembre del año anterior. Wilfredo Benítez sufrió ante Thomas Hearns la segunda derrota en su carrera profesional.

Pese a que sufrió una lesión durante el octavo round que le impidió utilizar su mano derecha durante la segunda mitad del combate, *la Cobra* de Detroit se impuso por puntos y se apoderó del cinturón de Benítez. "Los jueces son un montón de delincuentes", sentenció Gregorio, quien descartó la posibilidad de una revancha entre su hijo

Humberto Echechurre *Baila campeón*

y Hearns: "Un robo es suficiente. Pelearemos contra Marvin Hagler. Si no es contra de él, le diré a Wilfred que se retire". Ni lo uno ni lo otro sucedió.

Después su carrera ingresó en un tono de sombras agobiado por deudas con el fisco y sin apego al gimnasio. Parecía que solo viviría de recuerdos, aunque las peleas con Sugar Ray Leonard y Roberto *Mano de piedra* Durán marcaron su destino, especialmente frente a Leonard.

En enero de 1983, el excampeón se casó con Elizabeth Alonso, su novia de la adolescencia. Se mudó a Nueva York, se separó de su padre y comenzó a trabajar con Cus D'Amato y Víctor Machado como entrenadores, aunque el lazo familiar siguió latente. "Un hijo nunca debe dar la espalda a su padre. Algún día él volverá a estar en mi esquina. Confío en él", sostuvo Wilfred.

Nadie lloró por Benítez aquella noche de 1979, cuando perdió el invicto frente a Sugar Ray Leonard. Él era un tipo joven todavía. Pero su futuro era preocupante, y quizás tomó la medida correcta al regresar a su tierra en Puerto Rico, debilitado. Y se puso al cuidado de su madre. Leonard lo visitaría 30 años después de aquel combate. Le preguntaron a Benítez si reconocía al hombre que tenía enfrente.

«No», dijo Benítez. «Pero sé que me ha derrotado».

Humberto Echechurre *Baila campeón*

LA PATRIA DE MONZÓN

-Escucha, niño… Ni loco te podés ir. ¿Acaso vas a seguir haciendo llorar a tu madre? Sabés que cuando estás en el cuadrilátero sufre como ninguna. ¿Te acuerdas de aquella vez que peleaste con el canadiense? Los golpes me dolían a mí y qué decir de tus hermanos, pegados a la radio -dijo la madre- tratando de recomponer la autoridad, aunque sabía que era inútil.

Roberto G. Vitry y Wilfredo Benítez

Cuando a Wilfred se le metía algo en la cabeza, nadie era capaz de hacerlo cambiar de idea. -Mamá Clara… tengo 28 años y quiero boxear una vez más. No sé hacer otra cosa, pegar y pegar…

Humberto Echechurre *Baila campeón*

-Pero "Will", tú sabes cómo es esto. Te lo dijo *Kid Pambelé*. Él te quiere bien, niño... pero oye: tú parece que no quieres escuchar. ¿Por qué no te dedicas a la Fundación que lleva tu nombre? Ayuda a los chicos que tanto te siguen. Enséñales a encontrar el camino de la vida, la importancia del estudio. Tienes algo que no se compra con dinero: el respeto de tu gente y con tu nombre todavía puedes conseguir quién te ayude -destacó la madre con preocupación.
-Todavía me siento vivo y quiero demostrarlo -contestó Wilfred.
El diálogo entre Wilfredo Benítez y su madre, ocurrió momentos antes de recibir el boxeador la confirmación de su pelea en Salta, Argentina con el santafecino Carlos del Valle Herrera. Más allá de la fecha en la lejana ciudad argentina, el combate le permitiría a Benítez, demostrar que a los 28 años no estaba vencido. Todavía se sentía fuerte.

Sin embargo, la estrepitosa caída frente a Davey Moore, que lo noqueó en menos de cinco minutos de acción, fue un fuerte llamado de atención. Luego vino la derrota sufrida el 15 de febrero de 1986 frente al canadiense Mathew Hilton. En aquella oportunidad, recibió un castigo brutal durante toda la contienda, hasta que en el noveno asalto Hilton lo llevó hasta las cuerdas a puro golpe y, cuando faltaban 15 segundos para el sonido de la campana, el canadiense le pegó un tremendo gancho izquierdo en el rostro. Benítez terminó en el suelo aturdido y desconcertado, sin poder levantarse. Atrás quedaba la súplica de su rincón, pidiéndole a los gritos: -Baila campeón, ataca con el "jab" por el lado derecho, que no te puede ver.

En los minutos de descanso, la esquina de Wilfredo trabajó con profesionalismo, todo muy calmado y sin gritar. Aunque retumbaba el pedido de los primeros asaltos: -Búscalo y noquéalo, él no es más fuerte. Tú eres el campeón.

Pero fue inútil: el castigo no paró en ningún momento.

-Yo también sentí esos golpes. Le dije que era hora de parar -contó años más tarde Clara Rosa, su madre.

Para Wilfredo era el momento de buscar nuevos horizontes y apareció la oferta de pelear en la Argentina. La bolsa no era la de antes, pero la necesidad lo obligaba a seguir combatiendo a pesar de que algunos cálculos estimados afirmaron que había ganado más de seis millones de dólares. Inclusive muchos periodistas responsabilizaron al progenitor de ser el principal responsable en dilapidar la fortuna conseguida; la hermana Ivonne siempre lo desmintió. Hubo otras voces que afirmaron lo contrario, inclusive en varios reportajes Wilfredo Benítez responsabilizó a su padre de la situación económica.

Humberto Echechurre *Baila campeón*

Habían pasado cinco meses de la última velada y él decidió su futuro aceptando la propuesta de boxear en la Argentina, ignorando que el destino, le tenía preparado más sinsabores, especialmente en aquellos momentos cuando la rodada de la cima empezaba a sentirse cada vez más. Allí, los pergaminos no sumaban, al contrario, se convertían en una pesada carga. Era igual en todas partes, en Puerto Rico, en la Argentina, en cualquier lugar del mundo. El olvido sabía dónde golpear.

Le prometieron 20.000 dólares, pero lo más triste es que, luego de su presentación, pasó mil y una penurias. Fue expulsado del hotel en el que se hospedaba, llegó a tener prohibida la entrada al restaurante donde habitualmente comía y hasta le dieron un lugar para dormir en el gimnasio del Salta Club, debido a que nadie quería hacerse cargo.

Más allá de los avatares de su posterior peregrinación, era evidente que el boxeador que llegó al país estaba más cerca del ocaso que de retomar el camino de la gloria.

El martes 4 de noviembre de 1986 arribó a la provincia de Salta Wilfredo Benítez, el excampeón mundial en tres categorías distintas, uno de los pocos casos en el mundo, para combatir frente al zurdo santafesino Carlos Manuel Herrera. El boxeador puertorriqueño llegó acompañado de su técnico Víctor Montañez, el asistente Luis A. Pagan y el pugilista Charles Báez Muñiz.

Humberto Echechurre *Baila campeón*

-No vengo a pelear en Salta, vengo a ganar -expresó en el primer contacto con la prensa.

-¿Cuál es el púgil que más te impresiona en este momento? -preguntó Ezequiel Peñaranda.

-Mi propio yo... por mis habilidades boxísticas, me gustaría mencionar otros, pero aprendí a vivir mi propia vida y en cuanto a boxeador se refiere, pues me creo el mejor.

-¿Cómo está tu preparación física?

-Me encuentro en excelentes condiciones; lo único que le manifesté al promotor es que necesito un buen gimnasio, ya que el que me ofrecen no reúne las condiciones necesarias y el lugar parece una "gallera" no un gimnasio de boxeo. Ya les manifesté a los representantes del promotor, que un boxeador de mi categoría no merece esta falta de respeto; que al menos lo acondicionen. Le hace falta una mejora, además es muy frío y es peligroso para el boxeador por su salud.

Por su parte, Víctor Montañez, afirmó:

-Estoy muy complacido de estar en esta provincia, que es muy bonita, agradeciendo desde ya el trato que nos dispensan, esperando dejar complacido a los fanáticos del boxeo con la presentación de Wilfredo.

Humberto Echechurre *Baila campeón*

-¿Usted lo conoce al rival de su pupilo? -fue otra pregunta.

-No, pero me han hablado de que es un boxeador muy fuerte, que pega durísimo pero todo esto son comentarios y conjeturas: es lo que la gente expresa. No es lo mismo dar que recibir, a la vez los púgiles que enfrentó no tienen la experiencia y el tipo de pelea que hace Wilfredo y aquí se va a probar si es verdaderamente fuerte como dicen.

-¿En qué condiciones está su dirigido?

-El se encuentra en óptimas condiciones. Está listo para pelear, estamos trabajando en lo que nosotros llamamos el último tiempo del boxeador, afinamiento de velocidad, reflejos y mantener su condición.

Los primeros días de Wilfredo en Salta fueron de un llamativo enamoramiento.

Le gustaba caminar las calles y detenerse a preguntar, a conversar con la gente que, al principio con timidez y luego con una llamativa familiaridad, empezó a incorporarlo al paisaje de las clásicas mañanas salteñas. Después del gimnasio incorporó a su rutina el recorrido por tradicionales lugares provincianos. Así fue conociendo Salta.

Wilfredo Benítez, una especie de leyenda en el mundo del boxeo, se preparaba; pero había reparos por su condición física en una provincia muy lejana a aquellas noches estelares, donde era el único protagonista.

-Yo lo que puedo decir es que, cuando Wilfredo Benítez llegó aquí, ya era un boxeador "acabado". No era ni la sombra; inclusive lo ayudaron a levantar la pierna para subir al ring. Realmente era una lástima para un boxeador tan grande. Presencié el pesaje y de acuerdo con el reglamento, todos los boxeadores deben hacer una prueba de equilibrio, que consiste en pararse en una pierna y él no lo pudo realizar. Sin embargo, todos se miraron y nadie dijo nada. Otra cosa, es que él no tenía permiso para pelear, pero aquí lo autorizaron. Yo recuerdo que durante su estadía comía un bife inmenso con verdura hervida, todos los días y que también se dedicó a la religión evangélica -escribió Roberto Vitry, ex jefe de deporte de diario El Tribuno y especialista en boxeo.

En una extensa entrevista realizada por el periodista que siguió los pasos del boxeador puertorriqueño desde su arribo a Salta, se revelaban aspectos desconocidos de la vida de Wilfredo.

-En toda pelea el nocaut viene solo. Por eso no digo que noquearé a mi rival, pero vine a ganar para retornar nuevamente a los primeros planos y combatir por el título del mundo, –anticipó Wilfredo Benítez.

Humberto Echechurre *Baila campeón*

A pesar de todo lo que se dijo, el reportaje mostró un hombre de profunda e intensa vida interior. Manifestó que tras leer y leer la Biblia llegó a comprender muchos aspectos de la vida que antes no entendía. A la pregunta de cuál ha sido su ídolo en el plano deportivo, respondió que "Cristo es mi ídolo".

-¿Cuándo lo descubriste? –insistió el periodista.

-Desde siempre –respondió.

Wilfredo Benítez recorría las calles como un salteño más y mucha gente observaba su lento caminar desconocían que, a pesar de ser confundido por un basquetbolista, no era tal sino uno de los boxeadores más sorprendentes que dio el boxeo en la época dorada. Es, concretamente, en la historia del pugilismo, quien se coronó campeón mundial de la categoría welter junior como menor de edad: 17 años, materializando de esa manera una perfomance muy difícil de igualar. Pero si eso fuera poco, luego le agregó dos diademas a su riquísima historia deportiva, con los títulos mundiales welter y mediano junior. Pese a su juventud, protagonizó épicas batallas, como aquellas "que perdí con Leonard y con Hearns", expresó Wilfredo Benítez, el menor de ocho hermanos que, justamente a los ocho años de edad, ya se había lanzado al alucinante y espectacular mundo del boxeo.

-¿Cómo fue tu paso por el amateurismo?

Humberto Echechurre *Baila campeón*

—Comencé a combatir a los ocho años de edad en San Juan de Puerto Rico, de donde son oriundos mis padres, aunque yo nací como todos mis hermanos en Estados Unidos.

—¿Ya pintabas como bueno, no?

—Pues, sí. Yo podría haber sido campeón del mundo a los 12 años. Recuerdo que perdí en la semifinal con Wilfredo Gómez, que también fue campeón mundial dos veces, en fallo dividido. Tenía 12 años, era en 1970. Nos entrenábamos junto con Wilfredo y bueno le dieron la victoria a él. Eramos de categoría mosca y el campeonato mundial se realizó en Moscú.

—¿Qué pasó en Costa Rica? —insistió el periodista.

—Fue en noviembre de 1972 cuando yo contaba con 14 años y tuve que mentir que tenía 17 para que me dejaran integrar el equipo de Puerto Rico a los Juegos Centroamericanos y del Caribe. Llegué a semifinales y mi rival fue el cubano Orlando Martínez, varias veces campeón olímpico y mundial. "Cuídate, trata de terminar de pie, de perder honrosamente", era lo que me decían; la manera de alentarme del grupo dirigente. Perdí por puntos con decisión dividida; fui medalla de bronce y me dieron el trofeo de mejor boxeador del campeonato.

—¿Y en el profesionalismo?

Humberto Echechurre *Baila campeón*

-Ingresé al profesionalismo a los 15 años, cumpliendo una campaña que pronto me llevó a la consideración del público. Yo era inconsciente aún y me dejaba llevar por todo lo que me decían y dejaba todo a quienes me conducían. Ello después me resultó fatal.

En el reportaje, Wilfredo Benítez intentó vanamente capturar ese pasado de gloria y recomponer a su gusto las piezas, pero el tiempo pasó y debía enfrentar otra realidad. Una realidad que lo hacía mirar, bajo otra óptica, la vida que lo llevó a desistir de "apoderados aprovechadores" que le ofrecían un panorama distinto. "Yo era la gallina de los huevos de oro, pero ahora no: sólo lo seré ante Dios", manifestó desengañado el pugilista que sólo confíaba -lo reiteraba- en Dios.

Wilfredo tuvo tres momentos cumbre en su trayectoria profesional. Como retador, así vivió los momentos previos a su consagración.

-¿Qué representó el colombiano *Kid Pambelé*?

-Yo llegué a esa pelea con sólo 17 años y muchos decían que era la reedición de David y Goliat. *Pambelé* me miraba y me decía enojándose: "Les arranqué la cabeza a todos los puertorriqueños, pero a ti no te sacaré la cabeza te sacaré el pescuezo". Cuando terminó el combate no lo vi más. Parece que se tomó el avión en el mismo estadio. Recuerdo que era el 6 de marzo de 1976.

Humberto Echechurre *Baila campeón*

-¿Y en la segunda conquista?

-Después de tres defensas del título welter junior, desafié al mexicano Carlos Palomino. Yo había renunciado a mi anterior título. Palomino fue siempre un hombre humilde y declaró que "trataré de hacer las cosas lo mejor posible. Enfrentaré a un joven de buen historial y deberé estar atento siempre por ello". Tengo muy buen recuerdo de él. Después resigné el título frente a Sugar Ray Leonard en mi pelea número 40 (también el invicto) y perdí la oportunidad de ganar 10 millones de dólares por una pelea con el panameño Roberto *Mano de piedra* Durán.

-¿Cómo llegó el tercer título?

-En Las Vegas me tocó enfrentar al inglés Maurice Hope, que en realidad era centroamericano y que decía que me iba a acabar para siempre. Menos mal que yo estaba muy bien preparado si no perdía hasta el ala con Hope, que era un púgil muy fuerte. Fue el 23 de mayo de 1981.

-¿*Mano de piedra* Durán y Thomas Hearns?

-En mi primera defensa como mediano junior derroté al panameño *Mano de piedra* Durán, en enero de 1982. Luego anduve inactivo 11 meses y el 3 de diciembre del mismo año le di chance a Thomas Hearns, quien me venció por puntos en Nueva Orleans. Sentí la inactividad.

Humberto Echechurre *Baila campeón*

La entrevista se enfocó en profundizar la carrera de Wilfredo Benítez, destacándose palmares muy difíciles de superar. Salta recibía a un protagonista del boxeo mundial y él retribuía con llamativa sencillez: "Tal vez me quede un tiempo más por Salta", afirmó al final y el destino prolongó su estadía por más de un año.

Mientras tanto, el clima del encuentro empezó a tomar color en una afición salteña que comenzó a sentir el gusto de los grandes espectáculos. Lo había vivido con *Pipino* Cuevas y ahora se aprestaba a ver una pelea, cuyo epicentro estaba en la figura de Wilfredo Benítez.

Por su parte, su rival, Carlos Manuel del Valle Herrera, comenzó a calentar los instantes previos de la pelea. "Si meto la izquierda lo noqueo a Wilfredo Benítez. Para eso me vine entrenando duramente en Santa Fe (la provincia de Carlos Monzón) y si ahora logró sacar un buen resultado, seguramente volveré a los primeros planos mundiales y aspiraré a otra oportunidad", -aseguró a un grupo de periodistas el fuerte pegador santafecino.

Todo lo contrario, a otras presentaciones en la provincia, cuando costaba una enormidad sacarle algunas declaraciones, en esta oportunidad se mostró cordial y muy amable, respondiendo atentamente a todas las preguntas formuladas.

Humberto Echechurre *Baila campeón*

Al consultarle qué significa para Herrera combatir con un boxeador de la talla de Benítez, el santafecino respondió: "Para mí es un gusto combatir con un hombre de la categoría del puertorriqueño, que conquistó muchos pergaminos a lo largo de su carrera. Por eso puedo decir que me vine entrenando intensamente desde hace tiempo, porque sabía que esta pelea se hacía y me preparé lo mejor que pude".

Sin embargo, cuando todo estaba preparado y la gente vivía el clima de las mejores veladas de la provincia, sorpresivamente llegó el anuncio de la suspensión de la pelea entre Wilfredo Benítez y Carlos del Valle Herrera, prevista para el viernes 21 de noviembre de 1986.

En los corrillos aledaños al Delmi circulaban comentarios relacionados con la medida, pero nadie podía informar a ciencia cierta las causas que motivaron la suspensión.

En el Salta Club, la secretaria de la entidad solo comunicó que la suspensión se debió a razones de fuerza mayor. Un oficial de la policía de Salta expresó que sólo "sabemos de la suspensión, pese a que el operativo de seguridad prosiguió montado en el estadio y sus adyacencias".

En esos momentos, según se pudo saber, "Se trataba de un embargo judicial sobre la boletería y la recaudación del espectáculo". Al parecer, la medida judicial -que no pudo efectivizarse- se originó durante la mañana y al conocer

Humberto Echechurre *Baila campeón*

extraoficialmente la misma, el promotor Herrera prefirió suspender el espectáculo.

Uno de los aficionados presentes en el estadio, informó oficiosamente "que los embargos son varios" y que ello motivó la suspensión del festival. "La verdad es que nos quedamos con las ganas de ver la pelea y el nocaut, porque iba a haber un nocaut de primera, sin dudas", aseguró.

Toda clase de hipótesis se tejieron en torno de este festival trunco. En los cálculos previos de especialistas se preveía una concurrencia de cinco mil aficionados. Sin dudas el ambiente estaba convulsionado y todos querían ver en acción a Wilfredo Benítez.

La noche del sábado 15 de noviembre, en el Luna Park de Buenos Aires circuló la versión de que la Federación Argentina de Boxeo recibió una solicitud de prohibición de la actuación de Wilfredo Benítez y la especie fue rápidamente levantada por gran parte de los medios del país.

Carlos Suárez, de la FAB, no desmintió ni confirmó la noticia; solo se limitó a decir: "Gonzalito (presidente de la FAB) maneja esa información, pero algo hay...", argumentó.

Por su parte, el promotor Miguel Herrera expresó no conocer el tema pero pensaba que "era todo lo contrario" y la promoción del combate siguió normalmente sin inconvenientes.

La noche del jueves 20 de noviembre la emisión en español de "La Voz de los Estados Unidos", que se irradiaba desde Washington, dijo en su segmento deportivo que "la Asociación Mundial de Boxeo rechazó la petición de la Comisión de Boxeo de Puerto Rico, de prohibir el combate a Wilfredo Benítez en Salta (Argentina) frente a Carlos del Valle Herrera". La AMB adujo no tener jurisdicción en el caso.

Consultado Víctor Montañez que asesoraba al boxeador Boricua, manifestó que el problema es de orden administrativo porque desde 1978 Wilfredo no combatió más en Puerto Rico y la Comisión de Boxeo lo que solicitó era renovar su licencia. Wilfredo presentó todos los exámenes en regla, pero en San Juan exigen la presencia del pugilista para los controles correspondientes. Ese es el problema".

Más allá de las especulaciones, crecía la expectativa y el mundo del boxeo esperó la confirmación de la fecha definitiva. En la otra punta, Clara Rosa Benítez, la madre del boxeador, recordaba con uno de sus hijos: "Le pedí a Wilfred que no viajara a la Argentina de la misma manera que una vez recomendé a Félix "Tito" Trinidad que no se le ocurriera regresar al cuadrilátero. Ninguno me hizo caso".

Humberto Echechurre *Baila campeón*

Atrás quedó el último diálogo antes de partir a la Argentina y el desesperado ruego de su madre Rosa.

-Escucha niño yo te quiero sano y a m´lado. Además, puedes hacerlo aquí, junto a los que te quieren. En Puerto Rico, cuando boxeabas, había que hacer una fiesta en casa de alguien para verla todos juntos… era chévere mirarla con un grupo y pasar un buen rato. Y más cuando la afición y el periodismo te anunciaba: el campeón más joven del mundo. Oye "Wil" que lindo…

Aquella vez, la respuesta de Wilfredo Benítez, al igual que ahora, sonaba fuerte y firme.

-Mamá Clara -le dijo tomándole la mano-. Me ofrecieron pelear en otro país: Argentina y quiero conocer la patria de Carlos Monzón.

Humberto Echechurre *Baila campeón*

EL OCASO DE UNA GLORIA

Wilfredo, recostado sobre las cuerdas como pidiendo clemencia. Una foto que no merecía el brillante historial del excampeón. La fanaticada, como se diría, fue a ver un boxeador exquisito, portador de pergaminos insuperables, de un estilo que dejó su marca en las páginas del boxeo mundial. Sin embargo, esa noche no existió. Curiosamente *El Radar* lució desorientado.

Hasta el mismo boxeador santafecino Carlos Manuel del Valle Herrera, conmovido y quizás sorprendido, miró al árbitro para que detuviera el suplicio. Se empezaba a escribir otro capítulo en el ocaso de la vida del boxeador boricua.

Espectacular, sensacional, impresionante fueron los titulares anunciando el esperado combate.

El público siguió con increíble interés el desarrollo previo a la espectacular confrontación y la semana de postergación que sufrió la pelea no hizo más que aumentar su atractivo.

Humberto Echechurre *Baila campeón*

El combate, entre Carlos del Valle Herrera y Wilfredo Benítez luego de tantos cabildeos, terminó concretándose el 28 de noviembre de 1986, más allá de la postergación como había sucedido con la presentación de *Pipino* Cuevas 52 días antes, el público salteño tampoco pudo deleitarse con las virtudes del visitante. Por el contrario, el final para el gran campeón puertorriqueño parecía estar cada vez más cerca.

Los argumentos esgrimidos por ambos boxeadores antes de la frustrada pelea, tenían plena vigencia a la hora de la verdad. El argentino Herrera, un zurdo de potente pegada, ratificó en el curso de la semana que "noquearé a Benítez", mientras que el boxeador boricua se refugió en lo dicho de que "en toda pelea el nocaut viene solo".

El estadio estaba colmado y cuando todos querían ver al ex tres veces campeón mundial, observaron una sombra que deambulaba por el ring. Sin mayores sobresaltos el argentino Carlos del Valle Herrera (71 kg) venció por nocaut técnico al comienzo del séptimo asalto a Wilfredo Benítez (70 kg) en una pelea que le fue netamente favorable al santafesino desde el comienzo, destacando que Herrera derribó a Benítez en el tercer asalto, finalizando el pleito demasiado rápido y después llovieron las especulaciones.

La crónica de la pelea de Charlie Fernández, otro especialista de boxeo, fue contundente: "Vimos una gloria del boxeo, pero en el tobogán inapelable de su brillante carrera. Benítez, a los 28 años, es una sombra de lo que fue. No justificó en ningún momento su condición de primera figura y, por el contrario, dio razón a las autoridades de la Comisión de Boxeo de Puerto Rico que habían solicitado que no se autorizara su presentación en nuestro país y en Salta particularmente", afirmó.

"Para Wilfredo Benítez es el adiós (debe serlo) del boxeo. Como lo vimos anoche, es una lástima que prosiga boxeando", argumentó.

Herrera no tuvo problemas para resolver la pelea, pues su rival vino "regalado" de entrada. Totalmente incoordinado, sin sustentación y, por ende, carente de equilibrio. El santafecino lo castigó rudamente durante las seis vueltas en las que duró la pelea y se alzó con un nocaut técnico por prescripción.

La gente, que llenó el estadio pedía más, pero la sensatez primó en los momentos culminantes.

El médico de turno, doctor Armando Rodríguez, manifestó que Benítez "carecía de reflejos". De esa forma puso fin al suplicio que fue para el puertorriqueño la pelea, en la que recibió mucho más de lo previsto. Para Benítez marcaba el epílogo de una brillante carrera, en una provincia lejana, dentro de un país extraño.

Humberto Echechurre *Baila campeón*

Los especialistas coincidieron en la afirmación: Como lo vimos es una lástima que continue boxeando y que las autoridades de cualquier país se lo permitan. No obstante, en Salta pasó bien los exámenes médicos, según el fiscal de la Comisión Municipal de Boxeo, César Aramayo, quien exhibió los chequeos médicos realizados al púgil visitante. En el trámite de la pelea, el santafecino Herrera se cansó de pegarle y le faltó justeza para liquidar un pleito que desde el segundo round no tenía razón de ser.

"El argentino no tuvo la culpa y se entregó totalmente por el espectáculo. El cumplió su parte y Benítez la suya, la de un hombre acabado para el pugilismo", destacó en su crónica el periodista Roberto Vitry.

"Benítez fue una sombra de aquel púgil que se había ganado el apodo de *Radar* por su capacidad para anticipar los golpes de sus adversarios", lamentó en su crónica. "Deficientemente preparado (…) el boricua fue castigado desde el primer asalto. En el tercero, un potente golpe a la mandíbula lo mandó a la lona. Se levantó visiblemente conmovido, escuchó la cuenta de protección y fue salvado por la campana, mientras, de manera insólita, Herrera pedía al árbitro que detuviera el pleito. Sin fuerza, sin velocidad y sin reflejos, el excampeón mundial soportó otras tres vueltas de dura paliza. Recién después del sexto episodio el médico de turno lo revisó y le recomendó al árbitro que pusiera fin a un duelo que ya no era tal", escribió el periodista.

Al momento de tomar la decisión el doctor Rodríguez (descanso de la sexta vuelta), la pelea no tenía razón de proseguir. El público, desde la cuarta vuelta, solicitó a viva voz al árbitro que detuviera las acciones y al rincón de Benítez que arrojara la toalla, pero las peticiones no tuvieron ningún tipo de respuesta.

Luego del final, el público no quería marcharse del estadio. En los pasillos se formaban grupos comentando las secuencias de un combate, que en realidad estuvo lejos de serlo. La afición salteña recordó otras noches espectaculares con grandes figuras del boxeo mundial.

En otro sector del estadio Salta, el vestuario visitante, alejado de la realidad sufría el impacto de la dura derrota. Allí los entrenadores Víctor Montañez y Luis A Pagan hablaban a viva voz, dando razones y sinrazones sobre la pelea. Sus palabras aparentemente no llegaban a destino porque el gran Wilfredo se encontraba en otro mundo, en un lugar muy distinto al que le tocaba vivir en esos días.

La humanidad del que fuera el boxeador más joven de la historia pugilística en lograr una corona mundial, presentaba una triste imagen, que arrancó angustia en los rostros de algunos aficionados que pudieron introducirse en el camarín del puertorriqueño. Otro grupo esperó con paciencia la salida del equipo. Tenían la ilusión de ver a Wilfredo.

Las reprimendas de Víctor Montañez y Pagan eran aceptadas por una persona que se parecía más a un niño que a un hombre. Wilfred quería coordinar algunos movimientos, para justificar su actuación ante el enojo visible de sus manejadores, pero todo terminaba en un balbucear de incoherentes palabras.

Algunas de las pocas expresiones claras del boxeador fueron cuando dijo: "No era Wilfredo Benítez el que estaba peleando, estaba un poco falto de entrenamiento, de guanteo", posteriormente consultado si continuaría combatiendo afirmó: "Pues, claro voy a seguir peleando". Finalmente, y luego de un intervalo, Benítez agregó: "Herrera me ganó bien; yo he combatido con púgiles mejores, pero le ganó a otro Benítez, que ya no es el de antes".

El entrenador Víctor Montañez, que le hablaba y reprimía como un chico, afirmó enfáticamente que "esto se acabó para Wilfredo Benítez. El argentino ganó bien a pesar de sus mañas de aplicar los codos como otra arma, todos los zurdos son así".

Las antípodas de la tristeza se vivían en el vestuario del argentino Carlos Manuel del Valle Herrera, quien no podía ocultar su alegría de volver al triunfo. Con mucha tranquilidad expresó a los periodistas. "Estoy muy contento por el triunfo, pese a que la pelea podría haberse definido en el tercer capítulo. Creí que el árbitro la pararía. En esos momentos Wilfredo Benítez me dio lástima, lo podía haber sacado, pero me contuve. Es verdad que me cansé, pero esto se debió a un resfrío que tengo a raíz del aire acondicionado. Con respeto a mi futuro te puedo adelantar que por ahora no hay nada; voy a seguir entrenando como siempre en Santa Fe", afirmó.

Un triste adiós

Pocos se dieron cuenta del detalle del comienzo. O tal vez, muchos. Cuando Wilfredo Benítez levantó su pierna para pasar la soga e ingresar al ring, no mostró noción de distancia, se mostró torpe. Allí se notó claramente su desequilibrio sicofísico y el mismo pudo ser apreciado, en mayor proporción, en el curso del combate con Herrera que se cansó de acomodarlo y penetrar impunemente con sus poderosos directos de izquierda.

"Los golpes me dolían a mí" dijo un espectador de la primera fila.

¿Que dejó como saldo la presentación de Wilfredo Benítez?, el triste adiós de un gran guerrero del ring, de alguien que escribió páginas brillantes en la historia del pugilismo, como ser el más joven monarca de todos los tiempos. Pero ello, pese a sus aún jóvenes 28 años, ya es historia. El presente es otro para Wilfredo, triste, muy triste. Si él cree que su futuro está entre las doce cuerdas, es porque está confundido. Como lo están quienes desde su esquina lo alentaban a proseguir, a noquear a Herrera, mientras el puertorriqueño estaba erguido sobre el tapiz, pero con la mirada lejana, extraviada como si su tiempo se hubiera quedado en momentos más gloriosos, más fáciles, más efusivos y repletos de saludos efímeros que luego desaparecían. Estos momentos le mostraban una realidad dura, incomprensible, ante un rival que estaba en frente para castigarlo pero que, muchas veces, le perdonó la vida, no acosándolo como le pedían desde las tribunas- resumía el comentario del periodista Roberto G. Vitry.

El combate en sí dejó poco margen para conclusiones. La suspensión de siete días no hizo más que mejorar la condición atlética de Herrera, que lució impecable, pese a sentir sobre la mitad de la pelea el esfuerzo que realizó tirando tantos y tantos golpes sobre su acabado contendor. Ya en la segunda vuelta se vislumbró el trámite que tendría el combate cuando Benítez, sin reacción alguna, se quedó en una esquina recibiendo desde todos los ángulos golpes a granel, inclusive al árbitro Juan Villagra le faltó decisión para detener las acciones y decretar el nocaut técnico. Permitió que el médico oficial, doctor Rodríguez, tomara su lugar (el de Villagra) para decir "no va más".

Humberto Echechurre *Baila campeón*

Miguel el *Gordo* Herrera, promotor de la llegada de Wilfredo Benítez también mostraba su decepción. "La pelea... boxísticamente fue un desastre. Se cayeron todos los pronósticos, cuando Wilfredo Benítez parecía un boxeador que deambulaba por el ring. No sabía para que "carajo" lo habían puesto en ese lugar. Fue un paseo para el santafecino del Valle Herrera, menos mal que el suplicio terminó rápido.

Benítez, ¿Fue un mal negocio?

En Buenos Aires trascendió lo ocurrido con la presentación de Wilfredo Benítez en Salta, en primer término, suspendida a último momento, y concretada después con una actuación decepcionante. El boricua, bastante místico y contemplativo, demostró ante del Valle Herrera que el boxeo era tiempo pasado para él y que solo continuaba activo por necesidad.

La cuestión era el negocio y el promotor Miguel Herrera sabía del riesgo. Acostumbrado a tomar decisiones capaces de poner en juego lo conseguido en sus tareas empresarias, esta vez no vaciló, a pesar de que días antes se difundió que en una pelea anterior en la provincia había pagado con un "cheque volador" parte de la bolsa de Lorenzo García, aunque el mayor porcentaje de la excelente retribución, el púgil la recibió en efectivo, a pesar de los comentarios, el detalle fue minimizado.

Humberto Echechurre *Baila campeón*

Julio E. Vila, un periodista reconocido internacionalmente, fue siempre un duro crítico del sistema que manejaba el boxeo en el país, inclusive su entrada al Luna Park estuvo prohibida durante mucho tiempo a raíz de sus renovadas críticas contra Juan Carlos Lectoure, promotor de las grandes veladas que tuvo el país en la época dorada del boxeo mundial.

Decía Vila: "Hemos sido durísimos críticos del sistema que maneja el boxeo en el país. Y el punto se ha hecho más notorio por la carencia absoluta de un periodismo pensante, cuando de boxeo se trata. Existe una extraña convicción nacida de la costumbre de que todo lo que proviene del sistema monopólico es lo mejor. Podríamos probar todo lo contrario, pero un soldado, solo, jamás ganó una guerra".

En clara alusión a su pelea con el promotor "Tito" Lectoure, el periodista destacó: "De 30 años a esta parte ningún extranjero se fue de Buenos Aires sin cobrar su paga. Es cierto, absolutamente, el 90% de los "paquetes" que fueron presentados cobraron sus remuneraciones exiguas religiosamente. Y cuando el visitante fue de nivel y el dinero a percibir mucho mayor, también. Ese axioma es otra prueba cabal de lo que siempre se niega: el monopolio imperante. La frase no encierra halagos para terceros a lo largo de tres decenios", argumentó.

Humberto Echechurre *Baila campeón*

El error de Miguel Herrera

Tras el pleito entre Gilberto Román y Rubén Condorí por el título mundial supermosca, realizado en Salta, en el que el promotor Herrera hizo un excelente negocio, Rafael Mendoza le ofreció a *Pipino* Cuevas para Miguel Angel Arroyo. Circunstancias que se conocieron después impidieron ese lance en Salta. Y Cuevas fue opuesto a un vencedor también foráneo. Primer error: meterse en un negocio con excesivas obligaciones financieras sin contar con un peleador salteño.

La gente no apoyó el espectáculo, fundamentalmente por eso. La historia de lo importante que resulta para un promotor un ídolo local no la vamos a contar porque es más conocido que el cuento de la buena pipa- afirmó Julio Vila.

Miguel Herrera organizó en silencio el combate Román-Condorí. Luego hizo más o menos lo mismo con *Pipino*, y más tarde la remató con Wilfredo Benítez. No quiso confiarse en nadie, actuó como si todos fueran de valor nulo o relativo, y terminó en una realidad incontrovertible: quebrado. Es imposible vivir sin amigos o, tratándose de negocios, con buenos asesores. Tenía potencialmente a los mejores, pero quiso confiar en sí mismo y pasó, de la miseria habitual, en bolsas que el sistema acostumbró para contratar viejas glorias.

Humberto Echechurre *Baila campeón*

"A Herrera le salió mal el negocio, simplemente por no creer en nadie. Y le hizo el caldo gordo al sistema nefasto que destruyó al pugilismo argentino, manejado por Juan Carlos Lectoure que, ante la opinión pública, quedó como la antesala del paraíso. Los únicos que siguen sin hablar (y seguirán así) son los pobres boxeadores que no encuentran salida a su miseria por lado alguno", destacó Julio E. Vila en una columna publicada en diario El Tribuno.

¿Es lo que ocurrió con Wilfredo Benítez? Nadie podrá saberlo porque los relatos sobre el desenlace y la ruptura entre el promotor y el boxeador tuvo distintas aristas y no arrojaron conclusiones definitivas.

Por esas cosas del destino, Wilfredo Benítez estuvo anclado un poco más de un año en Salta. Llegó para boxear tratando de restablecer su situación económica, también procurando gambetear el ostracismo y se quedó en la provincia argentina, sin poder levantar vuelo, como esas aves que no encuentran el camino del retorno.

La permanencia en Argentina de Wilfredo Benítez es otro de los problemas que enfrentó el boxeador. Ingresó como turista en noviembre de 1986 y su visa caducó el 5 de mayo de 1987. José Gutiérrez, quien estuvo siempre al lado del excampeón, destacó que las autoridades provinciales les dijeron que en el Delmi tenían el importe del pasaje para regresarlo a Puerto Rico. Sin embargo, la cuenta regresiva había comenzado para Wilfred. Su lucha

Humberto Echechurre *Baila campeón*

con Migraciones empezó por otros canales, pero sin resultados positivos. "Solo si se casa con una Argentina podrá quedarse sin problemas", aseguró otro amigo.

Wilfredo mantenía una dura lucha en su interior, si le salía algo concreto se iba, por otro lado, pensaba que la solución a sus problemas estaría en radicarse en Salta donde le flecharon el corazón.

Alguien reflexionó atinadamente al referirse al drama de Benítez: "pensar que Leonard y Hagler se llenaron los bolsillos de millones de dólares y Wilfredo tiene que terminar de esta manera".

En una entrevista a Carlos Irusta, uno de los periodistas más reconocido de la Argentina, miembro de prensa de WBO latino y columnista de ESPN, con motivo de este proyecto sobre la permanencia de Wilfredo Benítez en Salta, destacó: "lo que yo recuerdo está escrito en El Gráfico y es lo que hablé con él. Yo no me quedaba con muchas cosas en el tintero a la hora de escribir. El problema no es por qué había venido, sino que no podía volver porque tenía muchos problemas con impositiva en Puerto Rico, debía mucho dinero según me contó, porque al padre, *Don Goyo*, le gustaban mucho las carreras de caballo y si no me equivoco, hizo mal uso de las ganancias de Wilfredo. Ahí se originó la deuda. Entonces si volvía, me acuerdo que me dijo, podría quedar preso. Aquí hizo una sola pelea, lo demás fueron exhibiciones y después quedó como un personaje excéntrico y como el pueblo salteño es muy cálido, muy sencillo, acogedor, amable y donde iba a comer, muchas veces no le cobraban. La gente no le decía nada porque, además, no estaba muy bien. Había empezado desde muy chico, está en la nota, hizo guantes hasta con Mike Tyson. Recibió mucho castigo y su capacidad de razonamiento no era la ideal".

Consultado si había tenido la oportunidad de ver la pelea Wilfredo Benítez vs. Sugar Ray Leonard, afirmó que la vio por televisión. "Estaba en Estados Unidos, después de un combate de Víctor Galíndez, así que la vi por momentos, desde el propio estadio. Fue una pelea muy buena en donde Benítez no debió perder, como sucedió, por nocaut técnico en el último round porque ya se terminaba. No era para cortarla. El estilo de Benítez era de un boxeador que no ofrecía pelea franca. Era movedizo, hábil, carente, tal vez de fuerza, pero muy inteligente y con una gran velocidad".

Sobre el triste final que acompaña a la mayoría de los boxeadores, afirmó que "En Puerto Rico empiezan a boxear desde muy pequeños y entonces cuando cumplen 20 años tienen muchos golpes en la cabeza. Por otra parte, el mal del boxeo latino es que no cuidan la plata ganada, no la invierten porque no tienen sentido del mañana. Uno observa que el gran Sugar Ray Leonard terminó en la ruina que Mohammad Ali también, que Mike Tyson no tiene un peso. Me da la sensación de que no es solo un mal del boxeo latino. El boxeador cree que la plata se gana fácil y lo que no saben es que en algún momento deja de ganarse. Un boxeador puede hacer una gran fortuna y mañana pierde y se encuentra sin nada porque la tiró en amigos y en diversión".

Consultado sobre si existe algo en común entre un boxeador de Argentina y otro de Puerto Rico, no dudó en afirmar: "No encuentro coincidencias entre boxeadores de ambos países. Sus orígenes son absolutamente diferentes, el puertorriqueño es Caribe, allí se vive la vida de otra manera, con otra cultura, la música salsa, creo que piensan en el hoy y no en lo que pasará mañana. El argentino es más melancólico, come otra comida. No se puede comparar. Por otra parte, ellos son bilingües, hablan inglés y castellano, además tienen una característica geopolítica importante porque tienen pasaporte norteamericano. Para un puertorriqueño ir a Nueva York a hacer una carrera pugilística es parte de su cultura, en cambio para nosotros es toda una historia. Sinceramente no encuentro similitud".

Miguel *Gordo* Herrera murió en mayo de 2011 y el experimentado periodista escribió una crónica de despedida donde se nota el especial afecto que tenía por el promotor salteño. "Era gordo, aunque con los años, y su salud deteriorada, perdió unos cuantos kilos, pero nunca las mañas. Asistía siempre a las reuniones de boxeo con su chalina

Humberto Echechurre *Baila campeón*

en los hombros. Hablaba en tono sentencioso, elegía muy bien las palabras y sus ojos celestes solían llenarse de lágrimas de emoción. Fue él quien contrató a *Pipino* Cuevas para enfrentarlo a Lorenzo García; fue él quien llevó a Salta a Wilfredo Benítez, quien se quedó más de un año viviendo en la provincia. Fue él, como en su momento el querido y recordado Andrés Mozota, el referente primordial de Salta: todo lo que pasaba en la provincia pasaba por su conocimiento. Cuando cerró el Luna Park, fue el primero en volar a Buenos Aires para pedirle una reunión a Tito Lectoure para que reviera la medida. No pudo ser. Se fue el "Gordo" Herrera y, con él, se fue un pedazo grande de la historia del boxeo argentino".

Salta, a los pocos días, recuperó su ámbito provinciano y el periodismo quería saber qué pasaría con Wilfredo Benítez después de la derrota. No había cambiado la primera impresión, a poco de su arribo, aunque siempre recordando a la Biblia y a Dios, pero más distendido, más amigable y comunicativo.

-¿Qué vas a hacer ahora?

"Quiero quedarme en Salta, donde formaré mi familia junto a Hortencia Liliana (18 años, universitaria). Si tengo que ir al Vaticano para casarme lo haré. Me gustaría tener un montón de Wilfred salteños. Liliana ayudó y me ayuda mucho, me apoya permanentemente, nos comprendemos", manifestó el boxeador puertorriqueño.

Humberto Echechurre *Baila campeón*

-¿Dónde vives actualmente?

En el hotel Premier.

-¿Quién paga?

Miguel Herrera, el promotor del Salta Club.

-¿Y la comida?

-Él también.

-¿Ya cobraste la bolsa?

-No; me debe neto 14 mil dólares, deducidos los gastos.

-Si te pagara ya ¿Qué harías?

-Buscaría colocar el dinero en un banco. Tengo que analizar antes los beneficios con un abogado. Luego viajaría a Puerto Rico para ver a mi hija Isabel, (en ese entonces tenía cuatro años) y solucionar el divorcio con mi exmujer Isabel Alonso Hernández. Ella es hija de un famoso pelotero (beisbolista) Guillermo Alonso de "Los indios" de Mayagues en Puerto Rico.

-¿Cuál es tu situación allí?

Humberto Echechurre *Baila campeón*

Me quitaron todo y debo impuestos por 500 mil dólares. Me falsificaron la firma en estos asuntos, pero todo se está aclarando.

-¿Quién es el karateca al que querías hacer campeón mundial?

Juan Carlos Farfán, es el hombre de quien hablé. Tiene 28 años y debe hacerse profesional, tiene condiciones.

-¿Qué te impide regresar a Estados Unidos?

Tengo que buscar un representante boxístico. Ahora pienso que el hombre es Juan Carlos Lectoure, con quien intentaré hablar. Tuve contactos con Tuto Zabala, un cubano radicado en Miami y con Jimmy Jacobs, que tiene actualmente a los campeones mundiales Mike Tyson y Edwin Rosario. Si me llama me voy con él.

-¿Estas en condiciones de volver al ring?

Me realicé todos los estudios y me encuentro bien. Electroencefalograma especialmente. Yo soy un deportista nato que no fumo, ni bebo. Está todo bien. Dispuesto a seguir peleando, con la ayuda de Dios.

Humberto Echechurre *Baila campeón*

ENTRE PEREGRINOS

Habían pasado seis meses de la derrota frente a Carlos Manuel del Valle Herrera y, a veces, Wilfred se sentía solo. Caminaba por las calles de Salta con un paso cada vez más lento. Las figuras ya le eran conocidas; a veces se paraba en las esquinas para conversar. En esos breves momentos, mucha gente se acercaba para acompañarlo. Sus días estaban lleno de descubrimientos y también de nostalgia. Su presencia ejercía un extraño imán entre los adolescentes, quienes lo seguían en silencio, porque el boxeador ya se había cansado de contar esas peleas que lo hicieron famoso.

Durante ese período Wilfred pasó por mil y una penuria. Fue expulsado del hotel en el que lo hospedaban, llegó a tener prohibida la entrada al restaurant donde habitualmente comía y hasta le dieron un lugar para dormir en el gimnasio del Salta Club.

El Salta Club fue un pequeño Luna Park, para otros, el lugar donde vieron grandes espectáculos, ubicado a pocas cuadras de la plaza principal de la capital, pero todos coincidían: generó un antes y un después en la cultura popular salteña y, con solo nombrarlo, brotaban los recuerdos y la melancolía.

Humberto Echechurre *Baila campeón*

Wilfredo cuando había pelea los viernes disfrutaba de manera especial porque la gente lo reconocía y además probaba los "choripanes". Ya conocía el sabor de todos y cuando estaba comiendo se acercaba la gente. "Sin picante", solicitaba y, el dueño lo complacía; inclusive le ponían una silla para que se sentara: entonces la gente se acercaba. El propietario vendía más y Wilfred era feliz.

El Salta Club convulsionaba el barrio y especialmente la cuadra de la calle Alberdi. Era un edificio amarillo con unas puertas y una baranda hacia los costados, unas ventanas chiquitas, típicas boleterías donde se podía comprar las entradas. Tenía en la puerta unas barras metálicas que eran para ordenar la entrada y ahí directamente se ingresaba hacia un pequeño patio. Después comenzaba el tinglado que era el Salta Club, una cancha de básquet con unas tribunas a los costados.

"Y... en la última pelea de la noche...", una frase típica de cualquier animador en algún remoto país, pero en Salta el canto de la popular bajaba desde la parte superior de la tribuna con su letra contagiosa, plena de ingenio y picardía.

Wilfred se había acostumbrado a ese paisaje, pero en la noche aparecían los fantasmas, aquellos que lo siguieron desde su adolescencia. De Nueva York no recordaba casi nada: allí el pasado se detenía en imágenes borrosas cada vez más difusas.

Humberto Echechurre *Baila campeón*

Una leve mueca, dibujada como una sonrisa, aparecía en su rostro cuando revivía aquellos momentos de gloria en el estadio Hiram Bithorm de Puerto Rico. Apenas era un adolescente, cursando el secundario cuando tuvo que enfrentar al poderoso *Kid Pambelé* mientras todo un pueblo palpitaba su consagración. Habían pasado casi once años y a esta altura parecía toda una vida. El reino se esfumó demasiado rápido, aunque ya no era tiempo de lamentaciones.

El presente lo tenía en esta ciudad a la que ya conocía. "Salgo de la Catedral y en cinco cuadras ya estoy en el hotel. Todos los días el mismo recorrido", la monotonía, apenas era interrumpida por los gestos amistosos de la gente.

"Mañana tengo que hablar con Don Miguel para ver qué hago. Yo quiero volver a Puerto Rico. ¿Cómo estará Mamá Clara y mis hermanos? -se preguntó- Ahora no tienen que juntarse para verme pelear por televisión. Estoy demasiado lejos y ellos no saben nada de mí, ni yo tampoco de ellos", reflexionaba.

Desde su llegada, la gente, al principio lo miraba con recelo, pero en la medida en que pasaron los días, se atrevía un poco más. Estuvo más de un año y numerosas anécdotas empezaron a tejer la historia del boxeador, en una tierra lejana, pero que lo cobijó con múltiples afectos.

Humberto Echechurre *Baila campeón*

Vivió un invierno muy duro, tal vez porque no estaba acostumbrado al clima, quizás porque su patria es sinónimo de Caribe. Allá se vive de otra manera: la nostalgia de la música salsa y ese ritmo pegadizo que hace mover los pies al instante de sentirla. Aquí hasta la música es distinta y qué decir de la comida. Pero se acostumbraba, porque cuando el hambre llegaba no era cuestión de desperdiciar.

Si hay algo en lo que Puerto Rico se destaca, es en el boxeo. De eso no cabe la menor duda. No importa en qué peso sea, si un boricua pelea, hacen una fiesta en casa de alguien para ver la pelea todos juntos. Lo importante es pasar un buen rato y chévere como decía su madre, al implorarle que se quedara. ¡Cuánta razón tenía! ese maldito orgullo de querer hacer todo a su manera y hoy pagaba las consecuencias de su decisión. "Pero todavía estoy fuerte. Tengo que entrenar y esperar otra oportunidad", se daba ánimo.

Habían pasado siete meses. Llegó una mañana de primavera y hoy vivía otra primavera. Salta, una ciudad colonial con coloridos cerros y un ropaje multicolor, en el aroma de las flores lo deslumbró. Recibió el cariño de la gente desde un primer momento en la sencillez de cada acto y en esa mutua entrega, después de la sorpresa vino el romance. Claro que no todo fue recíproco.

Humberto Echechurre *Baila campeón*

-Wilfredo...vamos a subir el cerro San Bernardo. Hoy tenemos que llegar a la cima. Desde allí verás otra Salta distinta -sintió que le decía su amigo el karateca.

-Okey...te estaba esperando. Y mira...estoy listo -contestó Wilfred.

-Se viene la procesión del Señor y la Virgen del Milagro y yo hice una promesa. Seré un peregrino más y tienes que acompañarme.

-Escucha... siempre cuando paso por la Catedral miro las imágenes y mi amigo "Charlie", el periodista, me cuenta historia de peregrinos, así le llaman, me dijo porque vienen de distintos lugares.

-Así es. La fe mueve montañas.

-Ese lugar que está cerca de Bolivia ¿Cómo se llama? -preguntaba Wilfred.

-Salvador Mazza.

-Desde allí se vienen caminando. Dios le da fuerzas, al igual que a mí. Dios me ayuda siempre, contestó.

Pablo Copa, un reconocido coiffeur nos contó que un día Wilfred fue a cortarse el pelo, pero él estaba con otro cliente. Entonces le pidió a un ayudante que lo atendiera.

Humberto Echechurre *Baila campeón*

Con tan mala suerte que -el asistente- no cambió el peine recortador. Entonces, al pasarlo le dejó una franja al ras sin nada de cabello. Cuando lo vi me preocupé por la reacción de Wilfredo, pero se miró en el espejo y con total tranquilidad dijo: *"No problem... pelo vuelve a crecer"*.

"Eso nos tranquilizó bastante, tal vez porque cualquiera habría reaccionado de otra manera. Sin embargo, para nuestra sorpresa, nos pidió un fibrón de color negro y él solo se lo pintó. Fue muy gracioso y todos en la peluquería nos terminamos riendo. Era muy simpático y la gente lo quería. Cuando se quedó en Salta andaba por todos lados y había un grupo que invitaba el almuerzo. Nos turnábamos un día por semana y él estaba contento", expresó Pablo Copa.

Manuel Antonio Eguizábal, más conocido como "Manolo", un reconocido empresario gastronómico y vinculado, en sus comienzos, a diversas actividades de promoción artística en Salta, especialmente a todo lo que tiene que ver con el tango y la música popular, también tiene algo que decir. A los 83, años a raíz de su actividad, con una memoria intacta recuerda con cariño a Wilfredo Benítez.

-Yo tenía una confitería llamada "El paraíso" y Miguel Herrera me contrató para que le diera de comer a Wilfred. Recuerdo que durante seis meses venía puntualmente, pero lo llamativo es que almorzaba a media mañana porque, según él, entrenaba a partir de las 2 de la mañana cuando en el gimnasio se marchaban todos. Algunos dijeron que comía locro con azúcar, una comida tradicional del norte en base de maíz, en una sopera, pero yo vi echarle miel de caña. A veces se comía una docena de huevos, pero la clara únicamente. "Es muy buena para el deportista", decía.

Manolo, cuando empieza a hablar ya no para. "Vivía en el hotel Premier, en la calle Florida y a veces venía a almorzar solo, y otras lo acompañaba gente. Pero más bien para escucharlo. Hablaba español y cuando no quería contestar hacía que le repitieran la pregunta.

Cuando le preguntamos si en algún momento notó que Wilfred, extrañaba su familia, Manolo contó:

-Me sorprendió cuando una vez me dijo: "Me cagó mi papá", lógicamente se estaba refiriendo al dinero ganado durante las peleas que realizó, agregando "Mi papá compraba caballos para hacerlos plata en las carreras".

Manolo siguió con su monólogo: "Un día apareció con una chica y me confesó:

-Quiere que me acueste con ella, pero no. Me tengo que cuidar, ahora tengo que entrenar mucho más que antes.

Humberto Echechurre *Baila campeón*

Era muy simpático para con la gente que se acercaba a saludarlo; le respondía con una sonrisa y también se quedaba conversando con ellos. Una mañana llegó contento y le pregunté por qué. Me contestó:

-Mañana voy a la escuela Roca a dar una exhibición de boxeo y me gusta juntarme con los chicos y hablar con ellos.

Sobre el final de la improvisada charla, Manolo sostuvo que Wilfred quería volver a su patria y entre toda la barra de amigos que hizo en Salta, propusimos hacer una colecta y recuerdo que con Pedro Vadamar juntamos plata para pagarle el pasaje de vuelta. En estos momentos vino gente de Puerto Rico para llevarlo de regreso y después ya no lo vi.

-¿Y te pagó el *Gordo* Herrera? -pregunté.

-Lo dejemos ahí -respondió pícaramente.

Carlos Irusta, el periodista argentino, al consultarlo sobre el tema, decía: "Yo lo conocí mucho a Miguel Herrera, lo traté bastante y lo apreciaba. Tengo el mejor de los recuerdos, por eso este tema me gustaría hablarlo con mucho respeto sin herir sensibilidades. Es cierto que fue un promotor muy ambicioso, muy inteligente, muy hábil, pero dejó cheques sin cobrar. Cuevas nunca cobró la pelea que hizo con Lorenzo García. Me dijo que tenía guardado el cheque de recuerdo. Con Wilfredo Benítez no sé qué pasó. Desconozco si podía volver así que no quiero manchar la memoria de un promotor como Miguel Herrera que tanto hizo por el boxeo del norte argentino, inclusive sin pasar por Buenos Aires y dejando de lado a Tito Lectoure.

Memoriosos que frecuentaron a Wilfredo Benítez comentaron que se enamoró de Salta y la conoció más durante sus recorridas por el interior de la provincia. En algunos lugares, lo presentaban como el gran campeón; en otros le pedían una y otra vez que contara sus combates con *Mano de piedra* Durán, Sugar Ray Leonard y otras figuras mundiales.

"Se habló mucho de la permanencia de Wilfredo Benítez en Salta, aunque no siempre la historia avanza de la mano de la verdad. Unos cuentan que se quedó porque quiso, otros porque no podía volver debido a que Estados Unidos lo estaba buscando por todos lados por una deuda impositiva, que el padre y sus hermanos nunca pagaron. Yo buscaba arreglarle el tema impositivo. Hablé con mi hija que estaba allá, pero era difícil. Nunca había pagado ningún impuesto. Nunca había pagado un mango al fisco. Vos sabes lo que es… y cuando llegó el exhorto, no había ninguna bolsa que pudiera pagar los 6.000.000 de dólares que adeudaba", retomaba el tema el *Gordo* Herrera.

Benítez llegó, boxeó y se demoró en volver. Las distintas instancias muestran un hombre, con más interrogantes que precisiones sobre su propia vida, aunque con un sentimiento extraño, en alguien acostumbrado a los golpes y curiosamente a la devolución de los golpes.

-"Mi familia me dijo: Benítez o nosotros. Te está volviendo loco ese tipo. Yo les decía qué querés que haga, lo van a meter preso, porque entre otras cosas, vivía más en mi casa, con mi mamá y mi papá, que conmigo. Recuerdo que falleció mi viejo. Lo velamos en mi casa. El tipo se paró frente al cajón esa noche cuando lo pusimos. No se fue. Estuvo parado las veinticuatro horas que lo velamos. No se movió. Mi mamá lo adoraba. Era un vivo…vivísimo. Se hacía el que no entendía, pero entendía todo, aunque hablaba muy poco el castellano. Estuvo en Salta 12 o 13 meses, pero para mí fue toda una vida", recordaba con nostalgia el promotor salteño en una entrevista.

-¿Después vino una mujer? -dijo el *Gordo* Herrera- Era muy linda, de una belleza muy particular. Esa piel que no era negra ni blanca. Recuerdo que en su momento fue novia de Sugar Leonard, que la llamó dos veces a Salta. No hablaba castellano y yo le dije que aprendiera, así podríamos hablar. Al cabo de dos meses ya comprendía. Yo entiendo bien… Míster Herrera. Envíeme esta señorita -me pedía, y yo le contestaba.

-Pero ella no quiere saber nada contigo. Nunca lo vi… a pesar de que Tito Lectoure me llevó varias veces a Estados Unidos.

Humberto Echechurre *Baila campeón*

-¿En Salta había vuelto a la droga? -una vez le pregunté a Herrera.

"Lamentablemente, un día volvió al vicio, aunque mi padre lo había rescatado. Yo tengo la prueba. El doctor Roncaglia, de la Comisión de Boxeo le secuestró las jeringas del baño. Mi padre era jefe del hospital y no sé cómo hacía para tenerlo controlado. Mi viejo lo tuvo sin droga, cuando no aguantó más, entonces fue cuando me enloquecí. Salía del país con unos amigos que había hecho y, cuando volvía, estaba cambiado. Tal vez la cercanía de la frontera, la ausencia de control potenciaba la situación. Entonces se iba a pasear y regresaba, pero ya estaba enloquecido. Era de locos".

Un día viene un taxista de la parada del Hotel Salta y me dice:

-Don Miguel ¿Cuándo me va a pagar? Recuerdo que eran como diez mil pesos de ahora.

-¿Cómo? -le contesté.

-Nos fuimos el viernes con Wilfredo a Yacuiba, Bolivia y volvimos el domingo.

-¿Y qué tengo que ver en esto? -lo apuraba. ¿Y vos lo llevas nomás? -pregunté.

Humberto Echechurre *Baila campeón*

-Y qué quiere… viene en su nombre, don Miguel -respondió el taxista.

Llegó el mes setiembre y Salta se vestía de múltiples colores ante el comienzo de la primavera. Es el mes más concurrido debido a que los visitantes llegaban para participar de la Fiesta del Milagro, que forma parte de la idiosincrasia propia del noroeste. Vinieron peregrinos desde los cerros, algunos de más de más de 4000 metros de altura; ingresaban turistas de todas partes del país y del mundo, participaban creyentes, ateos y también curiosos. Es la festividad religiosa más grande de Occidente.

Fieles desde los más remotos lugares de la Puna comenzaban su marcha semanas antes. Los peregrinos del pueblo de Nazareno caminaban durante diez días atravesando cerca de cincuenta pueblos; otros llegaban desde Cachi, Iruya, haciendo 500, 300, 200 kilómetros. En la ciudad, los salteños se contagiaban del esfuerzo y expresaban su solidaridad. En el camino desde el ingreso de la ciudad hasta la Catedral los esperaban entusiastas para convidarles agua, comida, dándoles fuerza para continuar.

Eran miles de personas que se sumaban. Las cifras se convertían en simples datos. Lo conmovedor es la entrega, el sacrificio y la fe de la gente, durante el Pacto de Fidelidad con el Señor y la Virgen del Milagro. Basta con mirar las rutas que desembocan en la ciudad. Es suficiente con evaluar esos ojos cansados, vidriosos, pero llenos de esperanzas que llegaban, simplemente para mirar la imagen de los Santos Patronos de un pueblo creyente y solidario. Una mirada, un saludo y después el regreso.

"Caminante llega setiembre y te despojas de esa ropa adherida a tu piel. A partir de entonces, la sombra de tus ojos combina con el color del paisaje; hay algo de montaña agreste, de ríos sin vertientes, de tierra árida que se prolonga en tus años adormecidos. Traes el cansancio de la Puna, pero tus pasos no se detienen; por el contrario, el esfuerzo se redobla a cada instante. La rosa de los vientos es tu compañera; día y noche te acosarán los recuerdos, pero no te doblegarás ante el cansancio. En ese peregrinar muchas veces tu mirada se perderá en el camino, repasando una y otra vez esa geografía de colores. Peregrino no te detengas porque la dura travesía recién empieza y el camino es un punto sin retorno. Caminante es setiembre y el aroma de las flores te persigue. Perfume de claveles en el aire te acompaña, mientras tu mirada se pierde en el camino. Pasan los pueblos y tú avanzas, por momentos en silencio, en otras cantando. Es tu testimonio de fe".

El "karateca", amigo de Wilfredo Benítez y que quería hacerlo incursionar en el boxeo, porque le veía condiciones, apareció unos días antes de la procesión y mostró lo que había escrito su amigo "Charlie" en el diario.

Humberto Echechurre *Baila campeón*

-Mira, Wilfred: mañana estaremos desde temprano frente a la Catedral y veras cuando ingresan las imágenes luego del recorrido por la ciudad. Es algo conmovedor.

Ese día transcurrió demasiado rápido para Wilfred, la ansiedad era evidente. No pudo hablar con Miguel Herrera. "Ya fui varias veces y creo que no me quiere atender. Él me debe dólares y yo defiendo lo mío", se consoló.

Recuerda gente cercana al Salta Club, el templo de boxeo salteño que se erigió por muchos años al presentar espectáculos de calidad con figuras del boxeo mundial. Un día Wilfredo Benítez ingresó al despacho de Miguel Herrera, discutieron y éste le quiso pegar.

"El error mío fue que para no verlo le daba plata. Allá abajo está Wilfred, me decían y qué quiere -preguntaba- ¿plata?, me contestaban. Y yo lo aceptaba. Allí decidí terminar la historia y le dije chau. Fue subió y me agarró de aquí, del cuello, para pegarme. Le dije. No me pegues, yo te voy a dar plata. Metí la mano en un cajón y saqué un revolver blanco, una culata nacarada blanca, preciosa, que era de mi viejo. Y le puse de frente. Entonces le dije:

-Tócame la reputa madre y te voy a cagar matando. Y él sabía que le iba a dar. Entonces se fue "y nunca más volvió".

Humberto Echechurre *Baila campeón*

El día de la procesión el camino era intransitable. Los últimos peregrinos llegaron rezando, repitiendo lo que habían aprendido de la fe cristiana, tocando música autóctona y bailando danzas típicas de la Puna.

Wilfredo estaba parado frente a la Catedral Basílica. Era uno más. La gente llegaba con promesas, llorando por sus sentidas perdidas, pero con una entrega contagiosa.

En esos días, los lapachos y jacarandás están florecidos y adornan las calles. Las flores contrastan con el verde de los jardines de la casa.

El regreso de las imágenes tras el pacto renovado y el momento cuando ingresan otra vez era doblemente conmovedor. Tañen las campanas, los pañuelos blancos anuncian la despedida y la sirena del diario El Tribuno suena sin cesar. En ese instante miles de claveles caen como una bíblica señal marcando la despedida hasta el próximo año.

Ya habían ingresado a la Catedral, las imágenes del Señor y la Virgen del Milagro. Y Wilfredo Benítez parecía uno más. Estaba impactado hasta que sintió una voz. "Papá...Papá...ese es Wilfredo Benítez el campeón de boxeo más joven de la historia que vino a pelear a Salta y ahora no se puede ir", dijo un joven veinteañero, sorprendido, al descubrir a Wilfred en la multitud.

Humberto Echechurre *Baila campeón*

Wilfred respondió con una tímida sonrisa sabiendo que esta vez no era el principal protagonista.

-Tenés que promesar algo a la Virgen; es milagrosa, yo le pedí -dijo el karateca.

-Amigo que pediste. ¡Ser un boxeador! Mira como estoy, lejos de mi patria y de mis seres queridos. Casi abandonado.

-Pedí por la salud de mi hermano menor que lo está pasando mal.

-Yo también pedí a la Virgen -contestó Wilfred con timidez.

-Se puede saber. Te aclaro ¡A Yacuiba no volvemos!

-Le pedí que me ayude a regresar a Puerto Rico, con mi gente. Es lo que todos los días le ruego a Dios y sé que pronto volveré a ver a mi madre.

El sonido de las campanas estremecía, los pañuelos teñían de blanco las calles, los niños se escapaban de sus padres y corrían alegremente. En el medio, en la multitud, Wilfredo Benítez, se secaba unas gotas que parecían lágrimas. De pronto se acordó de su padre, *Goyo*, cuando le dijo: "Los hombres no deben llorar".

Humberto Echechurre *Baila campeón*

EL DOLOR DEL OLVIDO

Existen muchos casos en la historia del boxeo donde el padre de un boxeador se excede en el protagonismo o ejerce mucha presión sobre su pupilo.

Destaca Carlos Irusta, el periodista argentino, en una nota sobre este tema que:

-Es posible que la misión del padre sea calentar el ambiente con algunas declaraciones explosivas, o tal vez sean pensamientos genuinos o quizás, como una manera de autoconvencimiento. Lo cierto es que, muchas veces, la presencia de los padres es muy fuertes en las carreras de sus hijos. La relación entre Wilfredo Benítez y su padre, *Goyo*, fue muy tormentosa. El padre inició a su hijo en el boxeo cuando este era un niño de unos ocho años y marcharon juntos mucho tiempo, aunque luego ambos terminaron muy enemistados. Tal vez tenga que ver con la presión que el padre, quiera o no, suele poner en el hijo.

Michael Bent tenía diez años; era cómo tantos niños que jamás encontraba sus juguetes porque su padre los escondía. Un día tomó coraje y esperó que este regresara del trabajo para avisarle que ya no quería boxear. Estaban en

Humberto Echechurre *Baila campeón*

su casa de Queens, Nueva York, los dos sentados en el sillón, frente a una televisión en la que siempre había un combate. Cuando lo escuchó, el padre, admirador de Muhammad Alí, se levantó con violencia, arrancó la antena del aparato y comenzó a golpearlo. Bent, a pesar de todos los intentos tuvo que volver al ring, a las peleas, recorrer un camino que odiaba. Odiaba recibir puñetazos en la cabeza. Odiaba el boxeo, que para él no era un deporte sino un acto de supervivencia. Bent odiaba la violencia, temía al deporte, pero su padre exigía que debía pelear, así que no tuvo otra opción; como amateur incluso fue campeón en cinco ocasiones y llegó a ser profesional.

Se convirtió en profesional a los 23 años sólo con un objetivo: irse de la casa de los padres. Pero el profesionalismo era otra cosa. En una pelea con Jerry Jones cayó por nocaut en el primer round. Recibió la recriminación de su padre y otras burlas por la calle. Quiso matarse. Se puso un arma en la boca pero no pudo disparar. No pudo. Evander Hollyfield lo llamó para que fuera su sparring. Pero necesitaba conseguir peleas. Y cuando las consiguió, encadenó diez triunfos hasta ganarle el título de la Organización Mundial de Boxeo a Tommy Morrison. Era 1993, tenía 28 años.

Pese a conseguir el campeonato mundial, Bent no se sentía cómodo. Había conseguido el ansiado título que su padre le pidió durante años, pero eso no lo hacía sentir

Humberto Echechurre *Baila campeón*

mejor. Se sentía presionado y sin ganas de soltar golpes. En su primera defensa perdió el campeonato; la situación estaba tan mal que había sido noqueado incluso por su antiguo sparring. Los golpes del británico Herbie Hide lo dejaron en coma con un coágulo, pero lo que verdaderamente lo hizo desear vivir fueron las palabras de su padre, que estaba en Florida. Al hablar con el médico:

-"Ya déjalo morir, lleva 36 horas en coma". A los cuatro días, Bent vio una luz. Había despertado. Un neurólogo avisó que un golpe más lo mataría. Tenía que dejar de pelear. Lo que para algunos boxeadores podía considerarse un fracaso, para Bent era una puerta a la libertad. Ya no había excusas. Se compró una casa en Pensilvania, se inscribió en un taller de escritura y publicó un artículo sobre lo que significaba estar en la lona: "Anatomía de un nocaut". El director Michael Mann lo eligió para que hiciera de Sonny Liston en *Ali*. Clint Eastwood lo llamó para que fuera asesor en *Million Dollar Baby*. También le dio un papel en la película. En su reinvención, llegó a Broadway: escribió y dirigió una obra de teatro. Se hizo amigo de Mickey Rourke, que quería saber más de boxeo. Bent quería saber más de actuación.

Jerry Quarry, aquel duro peleador peso pesado de los años 70, confesó alguna vez:

-Yo le tenía más miedo a mi padre, a volver a mi rincón entre asalto y asalto, que a lo que me podía pegar mi rival, porque la presión que ejercía era tal, que me terminaba alterando.

Hay muchas historias sobre el tema. Nadie ignora la ríspida relación que existió entre Floyd Mayweather junior y su padre, quien volvió a su esquina luego de muchos años, para su pelea con Robert Guerrero. "Medité en la cárcel... todo comenzó con mi padre. Él fue la causa de todo: él me enseñó ante todo a defenderme", aseguró Floyd.

También fue tremenda -destaca Carlos Irusta- la exigencia del gran Julio César Chávez para con su hijo en la pelea frente a Sergio Maravilla Martínez. Era él quien descargaba toda la pirotecnia verbal en la gira previa de la pelea que celebraron en Las Vegas. Se separaron y después se volvieron a unir... Tal vez porque, por un lado, está el gran exboxeador que reacciona ante las fallas de su dirigido, pero también porque es imposible separar los sentimientos familiares.

Shane Mosley contó que su padre, Jack, era muy rígido con él, castigándolo con una vara cuando le enseñaba a boxear. Si aquella gran disciplina formó a un muy buen boxeador, ocurrió algo similar con el entrenador. En 1998, por ejemplo, los periodistas declararon a Jack, el Entrenador del año y a Shane, el Boxeador del año. En la relación padre-hijo quedaron grietas que no se pudieron sellar. Shane despidió a su padre tras la derrota con Winky

Humberto Echechurre *Baila campeón*

Wright (2004). Se reunieron de nuevo y más tarde, el hijo volvió a despedirlo. Sin embargo, la sangre siempre pudo más...

Oscar De La Hoya y Sugar Ray Leonard contaron cómo ambos debieron afrontar la práctica del boxeo para demostrarles a sus padres que eran capaces de emprender una actividad machista.

Juan Martín "Látigo" Coggi, el tres veces campeón mundial welter junior WBA, dirigió a su hijo, Martín, y lo llevó a los primeros planos pero con grado de exigencia muy grande y también entre ellos la relación fue conflictiva. De hecho, el hijo debió calzarse los guantes y enfrentarse a su padre para demostrarle que, efectivamente, tenía temperamento y agallas para ser boxeador.

El resumen no puede ser más determinante. Cuando el que maneja al hijo ha sido un gran campeón, generalmente sufre cuando su dirigido no está a la altura de su historia, pidiéndole más de lo que puede ofrecer, empeñándose en que debe seguir sus pasos. Cuando ha sido un boxeador más, proyecta en su chico todos sus sueños e ilusiones, y a veces comete el error de no poner en la balanza los defectos y virtudes del hijo y solamente ve las segundas.

En el ocaso de Wilfredo Benítez, muchos responsabilizaron a su padre y a su entorno de que no lo habían ayudado en los momentos difíciles. Atribuían a su progenitor

Humberto Echechurre *Baila campeón*

responsabilidad y excesiva presión en su carrera, aunque su hermana Ivonne siempre lo desvirtuó, especialmente en lo que se refiere al manejo económico.

Nadie puede negar que, desde los comienzos, el padre siempre estuvo cerca de Wilfredo. Al poco tiempo, Gregorio invirtió 15.000 dólares para montar en el patio de su casa un gimnasio en el que entrenó no solo a sus cuatro hijos varones, sino también a otros jóvenes de la zona, entre ellos los futuros campeones mundiales: Esteban de Jesús (un fuerte pegador en la categoría ligero) y Alfredo Escalera. Dos boxeadores con sus propias historias llenas de urgencias y limitaciones.

Gregorio hacía guantear a Wilfredo con boxeadores más grandes y formados, principalmente lo enfrentaba con de Jesús que era siete años mayor. Los adversarios no economizaban potencia ante el menor de los Benítez, que solía terminar muy golpeado. El razonamiento del padre, no muy comprendido por muchos, consistía en que cuanto más castigo recibiera, más debía entrenarse. Esas sesiones de sparring y los videos de Muhammad Alí y Bruce Lee permitieron que desarrollara sus cualidades defensivas y, sobre todo, la capacidad para anticipar los golpes.

Gregorio apostaba a sus otros tres hijos, sobre todo al mayor, Gregorio Jr. que llegó a hacer 9 peleas profesionales. "Era el mejor, para mí. Luego se casó y el matrimonio te debilita demasiado", explicó el padre, pero siempre siguió

Humberto Echechurre *Baila campeón*

buscando en sus hijos el espejo de sus propias frustraciones. El siguiente hijo, de nombre Alfonso, prefirió estudiar Ingeniería y el tercero, Frankie, ganó 22 de sus primeros 23 combates. "Era un boxeador tremendo, pero le gustaban demasiado las mujeres", sostuvo el progenitor que, a partir de entonces, centró su atención en el más joven de sus hijos.

En la medida en que Wilfredo ascendía en su carrera, aparecieron los primeros "chispazos" aunque le perdonaban todo porque puso en el pedestal de la gloria a la Isla. Los millones de personas que vieron a través de la televisión en Inglaterra, Estados Unidos, Puerto Rico y otros países latinoamericanos, se manifestaron de manera elogiosa con respecto a Wilfredo Benítez, por la gran demostración que lo colocó entre los mejores boxeadores del mundo. Inclusive algunos diarios dieron la bienvenida en sus comienzos con un abrazo fraternal y lleno de afectos al súper Wilfredo Benítez.

En esa etapa, Benítez se instaló en la categoría welter y, después de un empate ante Harold Weston, siguió sumando victorias, ya sin la explosividad de sus primeras apariciones y algunas con suma dificultad. Antes de la pelea con Carlos Palomino, en 1978, el invicto Bruce Curry, futuro campeón superligero del Consejo Mundial de Boxeo, lo derribó tres veces en un combate al que el puertorriqueño terminó ganando por puntos en una discutida decisión.

Por entonces, el relajamiento en la preparación para los combates hizo enfurecer más de una vez a Gregorio, que también oficiaba de mánager. "Quiero vender su contrato. Todo lo que pido son 150.000 dólares, el 10 por ciento de todas sus futuras bolsas y dos boletos para todas sus peleas. Si ponen el dinero en mis manos, yo pongo a mi hijo en las suyas. Después de eso, no me importa lo que hagan con él", aseguró tras la revancha con Curry y cuando se especulaba con un duelo ante Roberto Durán.

Finalmente, Gregorio vendió el contrato por 75.000 dólares a Jim Jacobs y Bill Cayton, quienes decidieron que el excampeón mundial, Emile Griffith, participara del entrenamiento de Wilfred, algo que molestó a su padre. "Todo lo que hace es contarle cómo eran las cosas cuando él había sido campeón. Mi hijo no lo escucha, solo me escucha a mí", aseguró.

Bajo la gestión de Jacobs y Cayton, y con Griffith en su esquina, el *Radar* tuvo la opción de aspirar al título welter del CMB el 14 de enero de 1978. Nuevamente le tocó enfrentar a un rival experimentado, el mexicano Carlos Palomino, que había ganado el cetro en 1976 en Wembley y lo exponía por octava vez. "Él no es muy fuerte y fue derribado por mucha gente muy mediocre. No espero tener demasiados problemas", pronosticó el campeón.

Humberto Echechurre *Baila campeón*

De hecho, llegaba a esa chance con un invicto de 37 peleas (36 triunfos y 1 empate). Y ante Palomino no solo no pasó sobresaltos, sino que dominó el duelo con estilo y terminó imponiéndose por puntos, más allá de que uno de los jueces, Zach Clayton, vio ganador al mexicano. Con 19 años y 124 días, el boricua ya era bicampeón.

A fines de ese año, Benítez sufrió la primera derrota de su carrera en la segunda defensa del título de las 147 libras (en la primera había superado a Harold Weston) ante un joven de 23 años que había sido campeón olímpico en Montreal 1976, que había ganado hasta entonces sus 25 peleas profesionales y que asomaba como la nueva estrella del boxeo estadounidense: Sugar Ray Leonard.

Ese traspié estuvo precedido de otro tironeo entre padre e hijo. Un mes antes de la contienda, Gregorio escribió un artículo que se publicó en la revista *The Ring* bajo el título "Por qué Benítez no ganará". "No escuchó nada de lo que le dije. Incluso si me dieran 200.000 dólares para trabajar en la esquina, no lo haría", aseguraba en el texto. Apenas unas semanas después, estaba de regreso en el rincón de Wilfredo para el duelo con Leonard.

Gregorio Benítez quien fue manejador y entrenador en gran parte de su carrera (falleció en 1998). Don *Goyo*, como lo conocían comúnmente, era un apasionado de los caballos de carreras, lo que lo llevó a montar una cuadra en el hipódromo con sus ganancias en el boxeo. Este hecho creó el fuerte rumor de que gran parte de la fortuna de los Benítez se fue en las apuestas.

"Mi papá no le administraba el dinero a él (Wilfred). Cuando mi papá tenía la cuadra en el hipódromo, era con sus chavos. Todo lo que invirtió y perdió era de mi papá, no de Wilfred. A la gente le gusta hablar, pero lo que pasa es que la cuadra tenía el nombre de Wilfred, pero no eran los chavos de Wilfred, eran de mi papá", indicó Yvonne, quien dejó entrever que la fortuna del excampeón comenzó a desaparecer cuando se desligó de su padre.

"Creo que eso lo perjudicó mucho. Ya lo conocían y lo podían controlar. Él era bien espléndido, pero hubo un punto en su vida que fue cuando se casó. Él todavía tenía dinero. ¿Qué pasó? Pues no se sabe. Yo sé que él tuvo todo lo que quiso tener mientras estuvo en la gloria", sostuvo su hermana.

"Él no fue un niño cualquiera. No tuvo infancia como tal por ser boxeador. Él era un boxeador desde niño", comentó Ivonne en su momento y hoy custodia del excampeón. "Tenía mucha gente alrededor de él, buena y mala, pero la tenía. Lo que no tiene ahora", decía refiriéndose al momento actual.

En su historia podría destacarse que fue el primer boxeador latino que cobró una bolsa de un millón de dólares. En esos tiempos, por su dedicación y sus habilidades, Benítez fue uno de los primeros boxeadores del patio en alcanzar onerosas sumas de dinero. No obstante, nunca contó con una buena orientación financiera en su equipo. Esto se conjugó con un débil espíritu austero, lo que propició eventualmente el gasto de una respetable fortuna.

"Compró autos, prendas, llevaba a la gente a comer a restaurantes caros y hasta le daba $50 a un muchachito para que le lavara el carro", comentó una vez su madre Doña Clara, ya fallecida, en una entrevista con Primera Hora en el 2006.

"Yo te puedo decir que él era bien dadivoso. Le pedías un vellón (moneda de cinco centavos de dólar) y te daba $50, él era así. Le pedías algo y él sacaba y daba $100. Siempre fue así, era demasiado espléndido. Mucha gente que sabía como era, pues se aprovechaba de las circunstancias", apuntó Yvonne sin dejar de insinuar que la ignorancia y la inmadurez hayan sido factores para el mal gasto; es decir pobreza y educación iban de la mano en el inicio de la vida de un boxeador.

En la Argentina hubo un boxeador que fue el vivo retrato de una marginación, incorporada como una segunda piel: José María Gatica, que después de haber llenado el Luna Park en memoriosas batallas, especialmente contra Alfredo Prada, su rival de siempre, terminó en la ruina. Murió en un accidente al ser atropellado por un ómnibus,

Humberto Echechurre *Baila campeón*

luego del final de un partido de fútbol de su amado club, Independiente.

En lo que duró su breve carrera profesional, Gatica fue generoso como pocos, se cansó de dar a manos llenas sin reparar en el perjuicio que esto ocasionaba a su economía. Entregaba «lo que no tenía y más» a los humildes, al hombre que vendía diarios o al que lustraba zapatos. El poeta, boxeador y periodista, Alfredo Carlino, dijo que José María era un símbolo para la gente del interior que llegaba a Buenos Aires en busca de un mejor destino. "Todos iban a ver ganar a Gatica, y si él ganaba, ganaban ellos».

La gran oportunidad de su carrera la tuvo el 5 de enero de 1951, al combatir con el norteamericano Ike Williams por el título mundial de los livianos en el legendario Madison Square Garden de Nueva York. Derrotado en el primer asalto, fue tres veces a la lona, constituyó una de las grandes decepciones en la historia del deporte argentino.

El *Mono* era la expresión del pueblo en una época de polarización política extrema; eras peronista o estabas en la vereda de enfrente. En torno al cuadrilátero surgieron los más profundos enconos. Ver pelear al *Mono* significaba dividir al Luna Park en peronistas y antiperonistas, (la cuestión también pasaba por la política) en descamisados y "oligarcas contreras". Símbolo de lo que ocurría fuera del ring, la afición tomaba partido a favor o en contra de lo que él representaba. Y José María no era indiferente a ello.

En el libro "El mono Gatica y yo", de Jorge Montes, Samuel Emilio Palanike cuenta cómo su amigo se paraba antes de una pelea en las cercanías del Luna Park para repartir entradas a la gente de condición humilde. "A todos los que andaban en camisa el señor Gatica les obsequiaba una entrada. Los de saco son oligarcas (aquellos que tenían plata) y por lo tanto no la necesitaban". Dicho lo cual, repartía el talonario entre los descamisados.

Hay algunas frases que siempre rodean el mundo de las marquesinas: "El boxeo es un refugio de desertores escolares. Ilusionados con la publicidad que de la noche a la mañana los boxeadores se hacen millonarios; miles de jóvenes procedentes de familias de bajos recursos dejan el aula por el ring y, cuando no llegan, no solo se quedan a mitad del camino sino también sin opciones porque la gran mayoría de las carreras universitarias hay que pagarlas", reafirma quien alguna vez habitó ese mundo particular.

En la otra punta, pero también centrando la mirada en el origen de los boxeadores, un documental biográfico sobre George Foreman, dos veces campeón del mundo en la categoría peso pesado, destaca un dato por encima de todos. Provenía de uno de los barrios más humildes de Estados Unidos. En una de las primeras escenas sale diciendo que

Humberto Echechurre *Baila campeón*

un día su hijo había hecho un comentario inoportuno sobre el aspecto de un hombre y su padre lo metió en el coche y lo llevó al barrio donde nació: Fifth Ward, en Houston. Uno de los lugares más pobres de todo Estados Unidos. Un verdadero gueto. Lo llevó ahí para que nunca jamás se le ocurriera frivolizar con la pobreza como un ricacho "hijo de" y burlarse de lo que menos tienen.

Sin Gregorio, ya no hubo grandes oportunidades para Wilfredo Benítez. En julio de 1983 perdió ampliamente con el sirio Mustafa Hamsho, número uno en el ranking mediano del CMB, y desde entonces comenzó a recorrer un tobogán enjabonado. Un año después, el excampeón superwelter, Davey Moore, lo noqueó en menos de cinco minutos. Y en febrero de 1986 volvió a escuchar la cuenta de diez ante Matthew Hilton. "Yo también sentí esos golpes. Le dije que era hora de parar", contó años más tarde Clara Rosa, su madre.

Su hijo no la escuchó. En parte, porque la necesidad lo obligaba a seguir combatiendo. Si bien había ganado más de seis millones de dólares, ese dinero se esfumó de sus manos muy rápido. Muchos apuntaron a la ludopatía de su padre. Su hermana Yvonne, en cambio, sostuvo que los problemas financieros comenzaron después de su casamiento.

Humberto Echechurre *Baila campeón*

EL ÚLTIMO ROUND

Wilfredo Benítez, el campeón mundial más joven en la historia del boxeo profesional, uno de los mejores exponentes de Puerto Rico, cuna de grandes boxeadores, está peleando en Chicago, la batalla más dura de su vida. Allí se repone, de una enfermedad llamada encefalopatía traumática crónica, también conocida como 'demencia pugilística', una enfermedad neurodegenerativa que afecta a los boxeadores, tanto aficionados como profesionales, por causa de los repetitivos golpes que reciben y les causan conmociones cerebrales. Hoy Wilfred no puede valerse por sí mismo.

El Dr. Barry Jordan, neurólogo de California y miembro de la junta de la Asociación de Médicos de Ringside, afirmó una vez que, el boxeo en el tiempo puede causar daño neurológico. "Todavía hay que investigar, y no hay cura para CTE (así se llama la enfermedad) a pesar de que no se puede hacer diagnóstico hasta después de la muerte, se puede sospechar que alguien tiene CTE, y los médicos intentarán descartar otras explicaciones médicas", afirmó Jordan.

El profesional dijo que se dio cuenta de que los boxeadores que tienen CTE tienden a tener problemas más graves con las habilidades motoras que otros sospechosos de tener lesiones relacionadas con traumatismos craneales.

Clara Benítez, madre de Wilfredo, confesó que alrededor de 1986 notó que algo andaba mal con la salud de su hijo. "La pelea de boxeo en Argentina debería haber sido la última" dijo, pero luego compitió en cuatro peleas más. Esa vez, Benítez tampoco hizo caso.

En 1996, cuando ya le había sido diagnosticada la enfermedad, el triple campeón mundial fue incluido en el Salón Internacional de la Fama de Canastota, en Nueva York. Unos meses antes de la ceremonia, tuvo que despedir a Gregorio, su padre, quien falleció el 5 de marzo de ese año como consecuencia de un derrame cerebral.

Wilfredo y su padre Goyo formaron un dúo caracterizado por una relación turbulenta, producto de las exigencias del padre y el poco afecto del boxeador al gimnasio. Todo se profundizó a partir de que el "niño" se convirtió en campeón.

Hoy, a los 66 años, Wilfredo Benítez sigue boxeando en su obligado exilio. Mientras espera el nuevo día, su rival -la enfermedad- no tiene piedad: lo despierta en la mitad de la noche, momento en que aparecen los fantasmas. Curiosamente las luces del ring están apagadas, no hay gente en las plateas y le duele el silencio de las populares, aunque presiente que en algún momento llegará el golpe de nocaut. Él espera. Se estrena bamboleante, tira golpes al vacío, esquiva con lentitud un ataque y se abraza con su sombra, que, curiosamente, luego trepa por las paredes hasta desaparecer. *El Radar* como lo apodaban los otros boxeadores, por desconocer de qué lado atacarlo, hoy tiene un rival que ignora sus antecedentes; es más, vulnera su guardia y sus traicioneros golpes lastiman cada vez más; ese paso hacia los costados que hacía delirar a los fanáticos, quedó en el olvido; hoy es grotesco y torpe.

En ese imaginario combate, a veces sueña que su madre, Clara Benítez, lo estará esperando en el barrio Saint Just de Trujillo Alto, al igual que aquel 6 de marzo de 1976, cuando empezó a reinar en el apasionante mundo del boxeo.

La Bolsa de todos los meses es siempre igual: US$ 600 dólares, que percibe a través de una pensión vitalicia de la WBC (Consejo Mundial de Boxeo) a la que deben sumarse otras pensiones, una de ayuda a los ex campeones de 600, una de 700 para gastos médicos de la alcaldía de Carolina y otra de US$250 para compras proveniente de la Organización Mundial de Boxeo. También ayudan un grupo de residentes puertorriqueños en Estados Unidos para enfrentar los costos de su enfermedad, destacando que exboxeadores como Félix Trinidad y Héctor Camacho también colaboraron.

Humberto Echechurre *Baila campeón*

Benítez ganó millones de dólares, pero no tuvo consejos para afrontar la última etapa de su carrera, la más difícil y, el final lo recibió con un golpe de nocaut, la enfermedad que deteriora cada vez más su salud.

Benítez, aquel joven boxeador, casi ni puede hablar: Su memoria lo traiciona, no se puede estar moviendo mucho y la coordinación es casi nula; sufre ataques de violencia y lo más triste para un ser humano: no puede valerse por sí mismo.

En la primera etapa de su enfermedad y después que su esposa lo abandonara, Wilfredo vivió al cuidado de su madre en Saint Just, Puerto Rico, quien durante un reportaje hizo notar su tristeza por la situación.

"A mi hijo no se lo puede dejar salir solo de su casa" -se lamentó doña Clara- porque siempre se le olvida cómo retornar".

Suspirando profundamente, doña Clara sufría sin esperanza.

_"Él -continuó comentando con grave dolor su madre- no habla…; no puede decir ni la palabra 'taza' para pedir café. No tiene capacidad para conversar. Su memoria va en constante deterioro…tiembla y camina con gran dificultad" -afirmó.

Humberto Echechurre *Baila campeón*

Le preguntaron: "¿Algún promotor de boxeo trató de ayudarla?".

_"No" -respondió- No hemos recibido ni tan siquiera una llamada de Don King, Bob Arum o Lou Duva". Doña Clara hablaba de los tres promotores más prominentes de los EE.UU en la época dorada del boxeo.

Joe Louis, Edwin Rosario, Ike Williams, Esteban de Jesús, Kid Gavilán, Johnny Saxton, Sandy Sadler, Benny Kid Paret, Luis Manuel Rodríguez… son solo unos pocos de las figuras superextraordinarias que hicieron maravillas por el boxeo; hicieron ricos a varios promotores y "managers", pero terminaron en la miseria. Muchos fueron persuadidos a seguir en el ring a pesar de que ya no estaban en condiciones.

Los oportunistas se colaron en el núcleo del boxeo profesional para estafar a los pugilistas, especialmente a los que recién empezaban buscando fama y fortuna en el peligroso oficio.

Luis Mateo, un exboxeador, colaborador de Wilfredo Benítez, confesó a la agencia EFE que todo empezó durante una visita a su amigo, el recordado *Tito* Trinidad en Puerto Rico, mientras llevaba ayuda a los damnificados por el huracán María. "Yo estaba en casa de *Tito* Trinidad y él me dijo que Wilfredo Benítez no iba a durar mucho. Él está en malas condiciones, si no hacen algo por él y le buscan mejor atención médica, él no va a durar mucho'", contó Mateo.

Confesó haber llorado al enterarse de la situación de quien fue su compañero de cuadrilátero por muchos años, durante su época de esplendor. Mateo destacó que por meses intentó llevar a Benítez a Chicago, hasta que finalmente con ayuda de voluntarios y grupos puertorriqueños de la ciudad, logró reunir lo suficiente, incluidos los billetes de avión para su traslado.

Una nota escrita por Elvia Malagon en Chicago Tribune destacó que el trabajo de Luis Mateo era entrenar con Wilfredo Benítez, cuando los dos eran boxeadores. Hoy, a veces, como un soldado no abandona la guardia, Mateo está de pie junto a la cama del hospital donde permanece Benítez, cuidándolo. "Bebé, le dice, mientras acaricia la cara de Wilfredo. "Tú eres mi bebé". Benítez con los ojos abiertos lo mira sin entender, incapaz de hablar o caminar y en posición fetal, en el Norwegian Américan Hospital, en el vecindario de Humboldt Park en Chicago.

Mateo ayuda a su amigo a levantarse de la cama y caminar otra vez. "Siento que soy yo quien lo lastimé. Lo hice que entrenara arduamente y ahora lo veo así, y digo "Oh Dios. ¿Por qué hice esto?", se angustia recordando después de la victoria de Wilfredo Benítez contra el legendario excampeón ligero y welter del mundo, el panameño

Humberto Echechurre *Baila campeón*

Roberto Durán, le dijo: "Luis no puedo pagarte todo lo que has hecho por mí. Luego me llevó a una tienda y me compró 900 dólares en ropa nueva y de eso jamás me olvido".

Yvonne Benítez siempre quiso llevar a su hermano a una ciudad más grande en EEUU, donde podría tener un acceso más fácil a los médicos, pero una y otra vez las ofertas fracasaron. Fue por eso que dudó cuando Mateo se presentó en su casa y juró llamarla cada semana hasta que pudieran traer a su hermano a Chicago o "Cuando me dijo que me iba a llevar a Chicago, me reí de él", dijo Yvonne Benítez.

Hoy se muestra escéptica sobre cuánto mejorará la salud de su hermano. Pero se comprometió a quedarse en Chicago con su hermano todo el tiempo que fuera necesario.

Cuando su hermano gime en su cama, Ivonne con mucha paciencia se acerca y comienza a acariciarle el rostro. "Dime, cuéntame lo que quieras", le dice para calmarlo.

Yvonne Benítez, hoy celebra que a su hermano lo estén tratando en la 'Ciudad de los Vientos' aunque perdió la esperanza de que la situación mejore.

La hermana del exboxeador dijo que siempre se mantuvo orgullosa y cercana al campeón, especialmente tras comenzar sus problemas de salud y el duro diagnóstico. Benítez, ahora con 66 años, tiene que ser asistido por Ivonne en su vida diaria, y su hermana tuvo que hacerse cargo del excampeón después de que la madre del exboxeador falleciera.

-Mi mamá siempre se preocupó de que alguien lo atendiera si fallecía, por lo que le prometí que iba a estar a su lado. Ayudar a mi hermano cambió mi vida totalmente -resaltó Ivonne con ojos llorosos. Él es como un hijo más. Estoy para lo que él necesite. Era mi muñeco de jugar cuando nació, y lo quiero a él igual que a todos mis hermanos -expresó.

El exboxeador tiene que ser asistido en la mayoría de sus quehaceres personales. Hay que asearlo, darle comida, acompañarlo a caminar y velar sus movimientos a cada instante.

"Wilfred está día y noche despierto. Hay que estar detrás de él y alejarlo de la nevera. Le gusta ir y abrirla. No tiene hora de levantarse, no duerme mucho a pesar de los medicamentos diarios. A veces habla que no se le entiende. Hay días que está más lúcido, pero hay días que no. Para él su mamá y su papá están de viaje. Él no sabe que han muerto. Si le digo eso, empieza a llorar", relató Yvonne, quien recibe la asistencia de su esposo, Efraín Crespo, y de su yerno, Javier Ceda, para cuidar al menor de sus hermanos.

Humberto Echechurre *Baila campeón*

El estado anímico de Wilfred varía constantemente y, aunque parece no haber perdido el gusto por la música y su admiración por las mujeres, son pocos los momentos de lucidez que demuestra y, en ocasiones, suele deprimirse.

"Hay días en que llora mucho. Hay veces que me pide que le quite la vida. Me dice: 'mátame con una pistola' y yo le digo: 'Piensa, Wilfred, voy a ir presa', y me dice: No, tú me estás haciendo un favor'. Por eso tengo que tener los cuchillos guardados. Pero yo entiendo que él, a veces, se siente abandonado. Él se siente feliz cuando viene gente", relató la hermana.

Abandonado en el olvido

Cuando Benítez boxeaba, siempre andaba con un séquito de personas. Los "amigos" le sobraban y era aclamado como todo un héroe adondequiera que llegaba. Pero su presente, hoy en día, contrasta mucho con lo que fue en sus años de gloria, pues ahora casi no lo procuran y apenas lo visitan.

"Desde hace tiempo se olvidaron. En las peleas de los últimos tiempos siempre mencionan a otros boxeadores y a él no lo recuerdan. Yo no le quito nada a nadie, pero en el Museo de Guaynabo hay unas estatuas de boxeadores y yo creo que él se merece eso. Ahora mismo hicieron un centro comunal (Saint Just) en su nombre, pero muy poca gente pasa por ahí. Yo no espero eso para él; yo quiero algo mejor. Que tú digas: 'Mira, ése es Benítez'. No estoy menospreciando, pero entiendo que él se merece algo mejor. Desde hace tiempo se olvidaron. El fue un buen boxeador, le dio gloria a Puerto Rico y a Estados Unidos también. Nadie nunca va a borrar su historia" -argumentó.

"Yo siento que ya no lo recuerdan. Puede ser que para alguna actividad lo inviten y no me molesta, pero que lo busquen más. Él a veces habla conmigo cuando tiene su lucidez y me dice: "A mí no me vienen a ver y yo soy el campeón".

Una vez le preguntaron:

-¿Cómo llegó a esta situación si ganó millones de dólares?
-A lo que Ivonne contestó sin vacilar:

"Sí, yo creo que sí. Pero él se lo disfrutó. Tuvo su casa y apartamento en Puerto Rico y fuera. Tuvo sus carros, él se lo disfrutó. No al máximo, pero disfrutó" -aseguró.

-¿Por qué no al máximo? -le preguntaron.

"Porque mira como está. No tiene salud, pero él hizo su mundo y se lo disfrutó todo" -indicó su hermana ante el evidente y delicado estado de salud de Wilfred.

Humberto Echechurre *Baila campeón*

Algunos dirán que el boxeo es un deporte violento, donde se conocen casos de droga y violencia, despilfarros de ex-campeones, entre otros excesos. Sin embargo, existe una enorme mayoría silenciosa que se esfuerza para alejarse de las "esquinas" de las barriadas y sus peligros. Estos son muchos más y es en ellos donde realmente vive el boxeo. Si lo vemos de este modo, podemos decir entonces que el boxeo es una excelente metáfora de lo que vivimos como sociedad: por un lado, la realidad violenta y, por otro, aquellos que eligen el camino de la superación.

La actriz Rosie Pérez, bailarina, coreógrafa y activista en Puerto Rico, también conocida como la "primera dama del boxeo" es una apasionada del deporte de los "narices chatas" y tiene una particular definición. Pérez, habla de este deporte, tan bélico como elegante, con una voz que vibra, con una pasión que va más allá de la de una mera fanática. De hecho, convirtió el boxeo en una metáfora importante para su vida.

"Se equivocan cuando dicen que el boxeo es solo para personas pobres o tontas o para las menos afortunadas. Eso no es necesariamente cierto. No se trata solo de dos personas golpeando cabezas; realmente no se trata de eso. Si eso no te parece bien, entonces tampoco debe parecerte bien el rugby, el fútbol americano y muchos otros deportes. El boxeo es mucho más que eso. Si llegas a conocer a estos boxeadores y sus historias, cambiarás de opinión. Ya

Humberto Echechurre *Baila campeón*

no los juzgarás, y les tendrás un respeto inmenso, por todo lo que lograron en su lucha por llegar hasta donde han llegado".

En una entrevista realizada sostuvo: "El boxeo es un deporte de habilidad y fuerza, pero se supone que la habilidad tenga prioridad sobre la fuerza. En realidad, no deseo ver a nadie lastimado, pero sí es cierto que se lastiman. Es emocionante ver esa habilidad que les permite evitar los golpes. He recibido golpes antes y he pensado, '¿Cómo pueden evitar ese golpe a la cabeza? Es algo increíble'. Los boxeadores tienen esos reflejos porque han estudiado tanto y se han entrenado tan bien. Pero cuando se lastiman, o cuando la pelea dura demasiado tiempo, soy la primera en tuitear, '¡Deben detener la pelea!'. No hay por qué ver a nadie derrotado de esa manera. Cuando ves a tu boxeador favorito recibir golpes, es cuando lloras. No lloras porque perdió, lloras porque recibió tantos golpes innecesarios. Te parte el corazón".

Pero Wilfred no tiene quien lo llore salvo su familia que sigue en la primera fila de su particular cuadrilátero. Lejano a ese tiempo de gloria hoy sufre en silencio, aturdido por sus recuerdos, aunque por momentos aparece aquel joven alegre de 17 años que sorprendió al mundo en 1976, ganando el título mundial welter jr. de la AMB (Asociación Mundial de Boxeo), una hazaña todavía insuperable hasta nuestros días.

Humberto Echechurre *Baila campeón*

Vale repasar su registro de 57 combates en su historial con 51 victorias, 5 derrotas (la mayoría de ellas cuando ya estaba en declive de salud) y un empate con el temible récord de 31 victoria por nocaut. Subió 57 veces a un cuadrilátero y mantuvo cerca de 129 peleas de amateur.

A fines de 1987, Leonardo González, enviado del Gobierno puertorriqueño, llegó a Salta, Argentina, para llevar al ídolo de vuelta a su tierra. González contó que encontró al excampeón mundial desnutrido, extraviado y con dificultades para hilar frases coherentes. Varias personas aseguraron que lo vieron mendigar en las calles. De regreso en San Juan, Benítez fue internado durante algunas semanas. Su licencia de boxeador fue cancelada y se le ofreció un empleo como entrenador de jóvenes.

Sin embargo, dos años después volvió a combatir: en un modesto hotel de Phoenix; derrotó al mexicano Ariel Conde, quien había sido noqueado en 10 de sus 11 combates profesionales. Pero el deterioro físico era notorio. El *Radar* hizo tres peleas más antes de abandonar definitivamente el pugilismo en septiembre de 1990.

Hablar de Wilfredo Benítez, es entrar en las entrañas del boxeo mismo; es profundizar la pasión, el fervor, la gloria y las secuelas de un deporte violento y agresivo, pero también es entrar en el mundo de un adolescente al cual la fama el dinero y la gloria lo sorprendieron muy rápidamente.

Humberto Echechurre *Baila campeón*

Bastaría con graficar ese mundo de violencia y desprovisto de actitudes solidarias, a excepción de pequeñas muestras aisladas. Mundo violento, mezquino, ingrato y con un entorno egoísta, que luego de aprovecharse del boxeador, lo esquiva como un auténtico despojo. En esas luchas solitarias e incesantes el enemigo no claudica y el fantasma de la soledad, por el contrario, acecha cada vez más.

Miguel el *Gordo* Herrera lo relató muy bien en una entrevista con el autor de este libro: "Vengo a despedirme de vos... me abraza, Simón Gallardo, el boxeador salteño. Ocho menos cuarto de la mañana. Sube a la oficina y me dice quiero despedirme papá...", y yo le contesto:

-Rajá de acá, tengo un descubierto con el banco de la puta madre y vos venís con esa pelotudez. Todavía lo cago a pedos. Se va... no pasa una hora y me dice mí secretaria. Han llamado de la guardia del hospital San Bernardo. Se pegó un tiro Gallardo. ¿Cómo? Me senté sin poder creerlo. Me sentí mal. Recuerdo que en esos momentos no entraba nadie en villa 20 de junio. Yo fui a la cuatro de la mañana al velatorio. Pero qué historia de esa familia, con los hermanos; a uno lo mató un familiar, a otro un primo; a otro la policía; a otro lo atropelló el tren. Pero, qué querés... era mi gente".

Julio Cortázar, el escritor argentino, tenía una gran pasión por el boxeo y en su segundo libro de cuentos titulado

Humberto Echechurre *Baila campeón*

"Final de juego", publicado en 1956 bajo la editorial mexicana "Los Presentes" y traducido a diferentes idiomas, uno de sus cuentos está dedicado a Justo Suárez, un boxeador argentino. "Torito" lo tituló y destacó el final, como una parábola porque, a pesar de los años transcurridos en el mundo del boxeo, existen muchos "Torito" con idénticos sueños y fracasos.

A la mitad de la pelea lo empecé a pasar mal, después no me acuerdo mucho. Mejor no acordarse, ¿no te parece? Son cosas que para qué. Me quisiera olvidar de todo. Mejor dormirse, total aunque soñés con las peleas a veces le acertás una linda y la gozás de nuevo. Pero mejor cuando no soñás, pibe, y estás durmiendo que es un gusto y no tosés ni nada, meta dormir nomás toda la noche dale que dale.

Volviendo al comienzo de la historia y uniendo un puente imaginario entre Argentina y Puerto Rico, un día, entre los primeros meses de 1988, cuando seguramente el sol caribeño habitaba cada rincón de la "isla del encanto", un hombre moreno, de espaldas anchas, con la mirada ávida de encontrar a sus seres queridos, y muy especialmente a su Mamá Clara, arribó en un vuelo de línea al aeropuerto de San Juan de Puerto Rico. Aferró una inmensa muñeca que compró en la Argentina para su hija Isabel, entonces de cinco años y apuró el paso. Atrás quedaba una aventura en tierras extrañas, en la lejana Salta, en Argentina, con sus miserias y egoísmos, una especie de íntimo cuadrilátero en la cartelera de su agitada vida.

Humberto Echechurre *Baila campeón*

El autor

Humberto Echechurre. Periodista y Escritor. Fue editor de la Sección Panorama (Opinión, Política, Economía, Internacional) de Diario El Tribuno hasta el año 2018. Fue secretario de Prensa de la provincia de Salta, durante los años 2005-2007 en la gestión del Dr. Juan Carlos Romero.

Publicó: **Periodista bajo fuego** (Editorial Catálogo), **A solas con el Cuchi Leguizamón** (el único libro con entrevistas realizadas al músico salteño), **El último caminante**, sobre las visitas a la Argentina del poeta cubano Nicolás Guillen (Editorial Catálogo) (presentado en La Habana). **Apuntes en blanco y negro** (Editorial Nueva Generación). En 2022 publicó **"Goodbye barbijo"** novela de amor en plena pandemia (Editorial Nueva Generación).

Ganador de la Beca Reuter-SIP (Sociedad Interamericana de Prensa) para participar en un seminario realizado en la Universidad de Miami, junto a veinte periodistas de América Latina. Becado por el FMI, Banco Mundial, BID para un seminario en Viña del Mar (Chile). Realizó coberturas en Madrid, Nueva York, Santiago de Chile, Antofagasta, Temuco e Iquique. Realizó notas en Cancún (México), La Habana (Cuba) y Roma (Italia).

Desde 1990 fue becado permanente a las Convenciones Anuales de la Asociación de Bancos Argentinos

Humberto Echechurre *Baila campeón*

(ADEBA), ganador de la beca FIEL (Fundación de Investigaciones Económica Latinoamericana) para periodistas económicos.

Humberto Echechurre *Baila campeón*

LA CASA EDITORA
de Puerto Rico

Algunos títulos publicados:

El hombre del tiempo ángel m. agosto
Lustro de gloria ángel m. agosto
Intrigas desesperadas ángel m. agosto
Rutina rota ángel m. agosto
5 ensayos para épocas de revolución ángel m. agosto
Voces de bronce ángel m. agosto
Horror blanco ángel m. agosto
Relatos por voces diversas Cómplices en la palabra
Déjame decirte algo Cómplices en la palabra
En los límites Evaluz Rivera Hance
Lo que dice el corazón Evaluz Rivera Hance
Transversándome José Enrique García Oquendo
Emociones, versos y narrativa Grupo Cultural La Ceiba
El proceso político en Puerto Rico ángel m. agosto
ANA, auténtica forjadora de valor Ana Rivera
Angustia de amar Ana Rivera
Sindicalismo en tiempos borrascosos Radamés Acosta
Desde la sombra la luz William Morales Correa
Tinto de verano Anamín Santiago
Caroba Juan de Matta García
La brújula de los pájaros José Ernesto Delgado Carrasquillo
Esperaré en mi país invisible Mariela Cruz
Mancha de plátano Mariela Cruz
Loíza, desde El Ancón a tu Corazón Madreselvas de Puerto Rico
Los molinos de doña Elvira Luccía Reverón
Día nacional de la viudez Anamín Santiago
Un vistazo a la tierra de los mil dioses Armando Casas Macías
Oscar hecho en poesía Poetas en Marcha
Soy un millar de vientos ángel m. agosto
25 de julio Roberto Tirado
En mi vientre oscuro Anamín Santiago

Humberto Echechurre *Baila campeón*

Del MPI al PSP, el eslabón pedido ángel m. agosto
Teatro oculto en "La Sataniada" de Alejandro Tapia y Rivera
Anamín Santiago
Años de fuego, periodismo de combate (1971-76) ángel m. agosto
Abuela Itzé Norma Medina Carrillo
La madre asesina Yván Silén
Me quedo con las mujeres Juan González-Bonilla
Juan Mari Brás: ¿el estratega de la independencia? ¿El socialismo una consigna? ángel m. agosto
¡Cinco van...! ángel m. agosto
Cuchirrican Violeta Louk
Lo que nos dejó el camino Francheska Lebrón
La locura de Parsifae Yván Silén
La madre asesina Yván Silén
Omega Yván Silén
Tocando fondo con mis alas Ilsa López Vallés
Queda el alma Ana Rivera
Paz en la guerra Lcda. Aleida Centeno Rodríguez
Ese soy yo Christian Santiago
El Parakleto Yván Silén
La ruta de la muerte ángel m. agosto (editor)
Actas de la Comisión Política del Comité Central del PSP A. Agosto, G. Díaz, G. Morejón (editores)
Popurrí de sentimientos Elizabeth Laracuente
Poesía de guerra William Pérez Vega
El movimiento obrero en una economía de enclave ángel m. agosto

Humberto Echechurre *Baila campeón*